Kacem Elyass

Attaque d'un algorithme de sécurisation biométrique Fingerprint SHELL

Kacem Elyass

Attaque d'un algorithme de sécurisation biométrique Fingerprint SHELL

Noor Publishing

Imprint
Any brand names and product names mentioned in this book are subject to trademark, brand or patent protection and are trademarks or registered trademarks of their respective holders. The use of brand names, product names, common names, trade names, product descriptions etc. even without a particular marking in this work is in no way to be construed to mean that such names may be regarded as unrestricted in respect of trademark and brand protection legislation and could thus be used by anyone.

Cover image: www.ingimage.com

Publisher:
Noor Publishing
is a trademark of
International Book Market Service Ltd., member of OmniScriptum Publishing Group
17 Meldrum Street, Beau Bassin 71504, Mauritius

Printed at: see last page
ISBN: 978-620-2-35915-3

Attaque D'un algorithme de sécurisation biométrique Fingerprint SHELL

Elyass KACEM

TABLE DES MATIÈRES

INTRODUCTION GENERALE

L'accroissement international des communications, tant en ampleur qu'en diversité, implique le besoin de s'assurer de l'identité des individus. L'importance des enjeux, motive les fraudeurs à mettre en échec les systèmes de sécurité existants, d'où l'utilité capitale de vérifier les identités des personnes. Le marché du contrôle d'accès s'est ouvert avec le développement des systèmes, mais aucun ne se révèle efficace contre la fraude et la falsification car tous utilisent un identifiant externe tel que:

- Mot de passe
- Badge
- Carte
- Clé
- Code… etc.

La biométrie s'avère une solution très efficace.

Les systèmes d'identification biométriques reposent sur les caractéristiques comportementales et/ou physiologiques caractérisant un individu pour l'identifier d'une manière unique. Les systèmes biométriques sont sécurisés : « Aucune personne ne peut remplacer une autre pour s'identifier à sa place ! »

La phrase qui vient d'être citée reste-t-elle une « vérité pratique » ? La réponse est NON !

Les systèmes biométriques (SB), malgré leurs grands avantages, présentent plusieurs inconvénients :

- Les données biométriques, objets d'identification, sont généralement stockées dans une BDD. Cette dernière est toujours exposée à des attaques.
- Les données biométriques une fois compromises sont inrenouvelables dans le sens des mots de passes.
- Les données biométriques sont tractables. Un système compromis peut conduire à la vulnérabilité automatique d'un autre puisqu'ils sont basés sur les mêmes données biométriques.

Dans ces dernières années, plusieurs recherches ont été menées dans le but de sécuriser les SB. Une des approches intéressantes proposées est la biométrie résiliable (ou révocables) (cancelable biometry). Le principe est de ne pas stocker les données biométriques originales, mais plutôt sauver des données transformées. Le matching doit être achevé dans le domaine transformé. Ce qui est intéressant encore est qu'à partir un seul modèle biométrique original on doit être capable de générer autant de modèles transformés que l'on veut. Les modèles transformés doivent vérifier :

- *La révocabilité:* Bien entendu, il doit être facile de révoquer et de remplacer le modèle de référence en se basant sur les mêmes données biométriques.
- *La diversité:* Pour assurer la protection de la vie privée de l'utilisateur, deux modèles révoqués ne doivent pas être comparés positivement. Cela délimitera le problème de surveillance sur différentes bases de données.
- *La confidentialité:* Il doit être complexe voire impossible d'inverser le modèle protégé et de recalculer le modèle biométrique original.
- *La performance:* Cette méthode de protection ne devrait pas dégrader la performance du système biométrique (FAR et FRR).

On va analyser ensemble les aspects de sécurité d'un algorithme récent de sécurisation de modèle d'empreinte digitale basée sur la transformation en spirale du modèle biométrique nommé « Fingerprint Shell Securing » proposé en 2014 proposé par Chouaib et al. (Pattern Recognition Letters 45 (2014) 189–196). Les auteurs ont prouvé la sécurisation du Template transformé et l'on confirmé par les tests qu'ils ont menés. Cependant, l'algorithme proposé présente plusieurs failles de sécurité.

On va proposer un algorithme d'attaque permettant de récupérer les données biométriques originales à partir de modèle sécurisé par l'algorithme de SHELL en exploitant ses failles de sécurité. Les tests menés sur la base de données FVC2002 confirment la vulnérabilité de cet algorithme.

Le livre est structuré en une partie théorique qui présente toutes les informations récoltées et nécessaires à la compréhension de la biométrie et la sécurisation du modèle biométrique. Une deuxième partie est dédiée à des aspects pratiques où sont exposées les différentes étapes de la mise en œuvre de l'algorithme SHELL et la réalisation de l'attaque.

Afin de comprendre bien ce sujet, le livre est organisé en quatre (04) chapitres.

- Le chapitre I : Les notions générales sur la biométrie et les systèmes de reconnaissance d'individus.
- Le chapitre II : l'authentification par empreintes digitales, les caractéristiques des empreintes et leur classification, et les problèmes liés à cette modalité.
- Le chapitre III : la sécurité des systèmes biométriques où les vulnérabilités et les failles des systèmes biométriques seront exposées.
- Le chapitre IV : la conception et la réalisation de l'algorithme d'attaque.

1. Introduction :

Depuis quelques décennies, l'explosion de l'informatique, des réseaux, tant en volume qu'en diversité (transaction financière, accès aux services, etc.), a fait augmenter de manière significative le besoin d'authentification des personnes. Savoir vérifier de manière à la fois efficace et exacte l'identité d'un individu est devenu un problème critique dans notre société.

L'authentification est la procédure qui consiste, pour un système informatique, à vérifier l'identité d'une entité (personne, ordinateur, etc.), afin d'autoriser l'accès de cette dernière à des ressources (systèmes, réseaux, applications, etc.). L'authentification permet donc de valider l'authenticité de l'entité en question. Dans ce mode, on pose la question : « suis-je bien X? » **[REF0]**. Techniquement, le dispositif vérifie par rapport à un code (identifiant) saisi sur un clavier, ou lu par le passage d'un badge (carte à puce par exemple) que l'entité est bien ce qu'elle prétend être. La phase de vérification fait intervenir un facteur d'authentification, on en distingue trois sortes :

- ✓ **Facteur mémorial** : (basé sur ce que l'on sait) une information qu'on a mémorisée par exemple : mot de passe, code d'accès, etc.
- ✓ **Facteur matériel** : (basé sur ce que l'on possède) une information contenue dans un objet qu'on utilise par exemple une bande magnétique ou un certificat numérique.
- ✓ **Facteur corporel** : (basé sur ce que l'on est) une trace corporelle qu'il peut laisser quelque part (communément appelé facteur biométrique).

La biométrie est une alternative aux deux méthodes traditionnelles d'authentification. Aujourd'hui, face à l'émancipation de la fraude informatique (consulter le site computer site Institute), la vérification de l'identité en se basant sur le mot de passe (processus répondu pour le contrôle d'accès) ou les cartes (utilisées surtouts dans les applications bancaires et gouvernementales) ne suffit plus. En effet, ces facteurs peuvent être partagés et donc ne garantissent pas la non-répudiation, chose à laquelle la biométrie répond. Dans le tableau I du paragraphe suivant on discute des particularités de la biométrie face aux traditionnels modes d'authentification

2. Comparaison entre les facteurs d'authentification :

Dans le tableau suivant on va faire une comparaison entre la biométrie et les facteurs d'authentification classique :

Table 2-1 Tableau comparatif entre facteurs d'authentification.

Eléments que l'entité connait ou détient	Caractéristiques biométriques
Niveau variant de sécurité. Exemple : Pour les mots de passe, le niveau de sécurité dépend de sa composition, sa longueur et de la durée de son utilisation.	Augmentation de la sécurité. Plus difficile à voler, dupliquer, partager, oublier ou copier.
La possibilité de perte ou l'oubli de ces identifiants réduit le confort des individus.	Augmentation du confort puisque on est définitivement sa propre clé d'entrée.
Données stockées standard ne portant aucune atteinte aux libertés individuelles.	Le stockage des données biométriques pose un problème de sauvegarde d'information personnelle. Les bases de données biométriques pourraient être utilisées de manière abusive portant atteinte aux libertés individuelles.
On peut changer un mot de passe à volonté.	Les informations qui caractérisent notre biométrie sont immuables et restreintes en nombre. Les éléments biométriques ne sont pas révocables, on ne peut pas

	changer d'empreinte digitale ou d'empreinte rétinienne.
L'individu est ou n'est pas identifié avec certitude.	Selon les paramètres d'enregistrement et le niveau de sécurité toléré, une personne peut ne pas être reconnue alors qu'elle doit l'être (faux rejet).
Parfois, perte de beaucoup de temps à l'identification Exemple : Au passage des frontières, l'identification peut prendre jusqu'à 30 minutes. **[REF1]**	Réduction du temps nécessaire à l'identification. Exemple : Au passage des frontières, la vérification dure 15 secondes au maximum avec un dispositif biométrique. **[REF1]**
Le coût de la fabrication de la carte à puce, badge, etc. est relativement bas.	Le coût dépend du matériel d'authentification utilisé (relativement haut).
Pas de changement non désiré (sauf en cas de vol).	Risque de variabilité entre le moment de l'enrôlement de la personne et le moment où on doit l'identifier (des blessures, etc.).

3. Définition de la biométrie :

La biométrie est l'analyse mathématique des caractéristiques biologiques d'une personne, destinée à déterminer son identité de manière irréfutable. Elle est basée sur le principe de la reconnaissance des caractéristiques physiques **[REF1].**

Les techniques de reconnaissance par la biométrie servent principalement à des applications dans le domaine de la sécurité, comme le contrôle d'accès automatique. Suivant les caractéristiques considérées, on distingue trois familles de modalité biométrique :

a) **La modalité biologique** Comme :

- Analyse du Sang.
- Salive.
- Tests ADN.
- Odeur corporelle.

b) **La modalité comportementale** Comme :

- La voix (voice- scan).
- La signature (signature- scan).
- La dynamique de frappe sur un clavier (keystroke- scan).

c) **La modalité morphologique** Comme:

- Les empreintes digitales (finger- scan).
- La géométrie de la main (hand- scan).
- La rétine (retina-scan).
- L'iris (iris- scan).
- Le visage (facial - scan).
- Les veines de la main (vein pattern - scan).
- La géométrie de l'oreille.
- La thermographie faciale.

▪ **Remarque:** Une caractéristique biologique doit en principe offrir une preuve irréfutable de l'identité d'une personne et accroître la sécurité d'un accès. En raison de son caractère non–intrusif (par rapport à une prise d'ADN pas exemple), l'analyse morphologique est la plus répandue dans les systèmes de reconnaissance parce qu'en plus du fait qu'elle soit fiable, elle est aussi la plus facile à mesurer.

Voir annexe A pour plus d'explications par rapport à chaque modalité.

4. Applications de la biométrie :

Le marché de la biométrie est actuellement en pleine explosion, comme en témoigne le diagramme de l'évolution du marché ci-dessous :

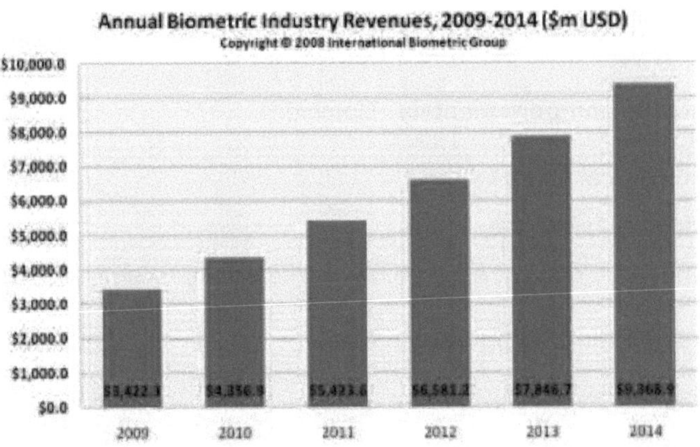

Figure 4-1 Evolution du marché de la biométrie dans le monde (en milliard €) **[REF2]**

La biométrie est essentiellement utilisée pour réaliser les objectifs de sécurité suivants : le contrôle d'accès physique/logique, les services d'identification et la surveillance. On distingue trois principaux champs d'action, qui sont :

- **Les applications commerciales:** des applications comme l'authentification lors des connexions réseaux, les achats en ligne, les distributeurs automatiques de billets, la signature de documents, le pointage des heures de travail, la gestion des enregistrements médicaux, Le verrouillage des PDAs et cellulaires, etc.
- **Les applications gouvernementales:** Afin de diminuer le risque de fraude, l'administration se tourne de plus en plus vers la biométrie, on cite, entre autres: les programmes de cartes d'identité nationale, le contrôle

aux frontières (passeports biométriques), le permis de conduire ou les applications de la sécurité sociale.

- **Les Applications dans le domaine de la criminologie:** C'est la plus ancienne application de la biométrie. En effet, c'est en 1893 que pour la première fois, l'identification par les empreintes digitales a été acceptée et utilisée par les services britanniques officiels **[REF3]**. Le premier AFIS (Automatic Fingerprint Identification System) est apparu en 1960 **[REF3]**. Aujourd'hui, grâce à l'automatisation, n'importe quelle trace laissée (une trace de pas, un cheveu, du sang, une empreinte sur une arme, de la salive sur un verre, etc.) peut être considérée comme indice et exploitée dans la résolution des affaires forensiques.

5. Propriétés d'une modalité biométrique :

Pour définir la pertinence d'une caractéristique biométrique, il est impératif q u'elle remplis ecertaines conditions. Cette mesure biométrique doit être :

- **Universelle:** présente chez chaque individu.
- **Unique:** pour chaque personne, la caractéristique doit être unique, pour qu'ellesoit discrminante.
- **Stable:** ne change pas dans le temps, résistante à des éléments extéri eurs (stress,brui, lumière, etc.) et peu altérable.
- **Enregistrable:** on peut facilement la capturer.
- **Permanente:** cette caractéristique reste largement inchangée durant la vie d'un epersonne.
- **Acceptable:** pour que l'application soit réussie, il faut qu'elle soit accept ée par le public.
- **Impossible à dupliquer:** pour éviter les éventuelles fraudes et usurpations d'identités.

6. Architecture d'un système biométrique :

Il existe toujours au moins deux modules dans un système biométrique: le module d'enrôlement et celui de reconnaissance. Le troisième module (facultatif) est le module d'adaptation **[REF4].**

- **Le module d'enrôlement:** pendant cette phase (voir Figure .6.1) le système va acquérir une ou plusieurs mesures biométriques qui serviront à con struire un **modèle de l'individu**, appelé gabarit ou signature (template en anglais). Le modèle est une représentation compacte du signal qui permet de faciliter la phase de reconnaissance. Le modèle peut être stocké dans une base de données ou sur une carte à puce.

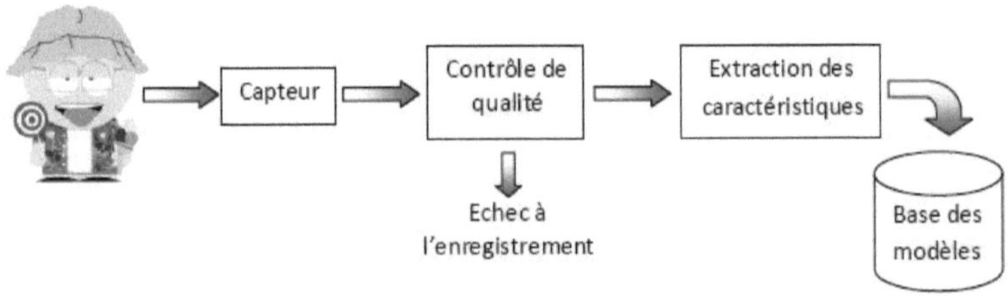

Figure 6-1 Processus d'enrôlement biométrique

- **Le module de reconnaissance:** au cours de la reconnaissance, la caractéristique biométrique est mesurée et le modèle biométrique est extrait. La suite de la reconnaissance sera effectuée différemment suivant le mode opératoire du système : En mode identification (voir Figure .6.3), le système doit deviner l' identité de la personne. Il répond donc à une question de type "Qui suis- je ? ". Dans ce mode, le système compare le signal mesure avec les différents modèles contenus dans la base de données.

En **mode vérification ou authentification** (voir Figure .6.2), le système doit répondre à une question du type : "Suis- je bien la personne que je prétends être ? ". L'utilisateur propose une identité au système et celui- ci doit vérifier que l'identité de l'individu est bien celle proposée.

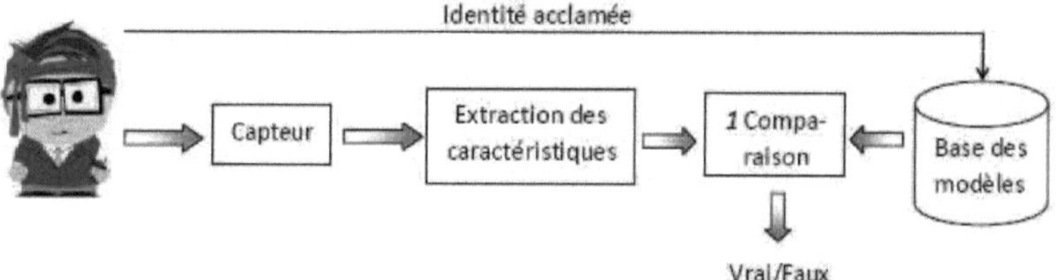

Figure 6-2 Processus de reconnaissance en mode authentification

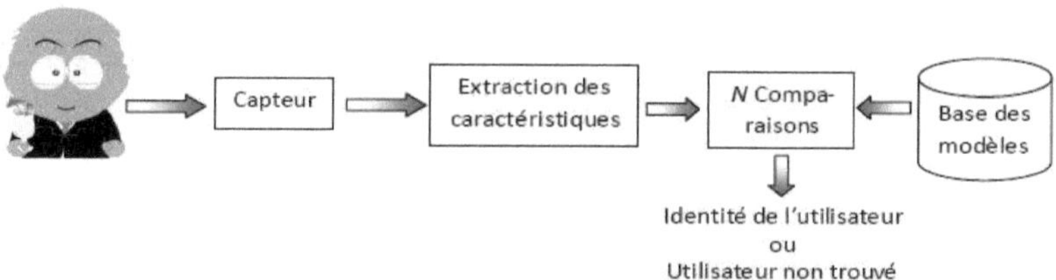

Figure 6-3 Processus de reconnaissance en mode identification

- **Le module d'adaptation:** pendant la phase d'enrôlement, le système biométrique ne capture souvent que quelques instances d'un même attribut afin de limiter la gêne pour l'utilisateur. Il est donc difficile de construire un modèle assez général capable de décrire toutes les variations possibles de cet attribut (comme des conditions d'acquisition différentes); ce qui explique l'utilité de ce module qui peut être lancé a moment de la comparaison.

7. Comparaison des différentes technologies biométriques :

L'existence de plusieurs modalités biométriques, impose le problème de choix entre elles lors de la conception d'un système biométrique. Il ne suffit pas de comparer les performances des diverses technologies (empreintes, visage, main, etc.) pour les distinguer, il faut aussi tenir compte d'autres critères tel que l'environnement de leur usage (facilité de : saisie, d'analyse, de stockage, de vérification). Il est donc important de comprendre que, dans le choix d'un moyen biométrique à exploiter, différents facteurs doivent être pris en compte comme le montre le tableau suivant :

Table 7-1 Tableau de comparaison de facteurs entre les technologies biométriques (E = Élevé, M = Moyen et F = Faible) **[REF5]**

Identifiant biométrique	Universalité	Caractère distinctif	Permanence	Facilite de saisie	Performance	Acceptabilité	Facilite de contournent
ADN	E	E	E	F	E	F	F
Oreille	M	M	E	M	M	E	M
Visage	E	F	M	E	F	E	E
Thermogramme facial	E	E	E	E	M	E	F
Empreintes digitales	M	E	E	M	E	M	M
Démarche	M	F	F	E	F	E	M
Géométrie de la main	M	M	M	E	M	M	M
Veines de la main	M	M	M	M	M	M	F
Iris	E	E	E	M	E	F	F
Dynamique de frappe	F	F	F	M	F	M	M
Odeur	E	E	E	F	F	M	F
Empreinte palmaire	M	E	E	M	E	M	M
Rétine	E	E	M	F	E	F	F
Signature	F	F	F	E	F	E	E
Voix	M	F	F	M	F	E	E

On résume maintenant, dans le tableau 7.2, les avantages et inconvénients de quelques technologies biométriques, sélectionnées suivant le degré de leur usage :

Table 7-2 Tableau représentatif des avantages et inconvénients des différentes technologies biométriques **[REF6]**.

Techniques	Avantages	Inconvénients
Empreintes digitales	Coût, ergonomie moyenne, facilité de mise en place, taille du capteur réduite, fiabilité	Qualité optimale des appareils de mesure (fiabilité), acceptabilité moyenne, possibilité d'attaques (empreinte latente)
Forme de la main	Bonne acceptabilité	Système encombrant, coût, perturbation possible par des blessures, caractère non discriminant par rapport aux membres d'une même famille
Visage	Coût, peu encombrant, bonne acceptabilité, authentification à distance (vidéo-surveillance)	Problème des jumeaux, sensibilité au déguisement, possibilité de discrimination (ethnique, religieuse, etc.)
Rétine	Fiabilité, pérennité.	Coût, acceptabilité faible, installation difficile.
Iris	Fiabilité	Acceptabilité très faible, contrainte d'éclairage
Voix	Fiabilité moyenne	Vulnérabilité aux attaques
Signature	Ergonomie	Dépendant de l'état émotionnel de la personne, problème de fiabilité
Dynamique de frappe	Ergonomie, ne nécessite pas de capteur	Dépendant de l'état physique de l a personne

Comparativement aux autres technologies, et comme indiqué sur les deux tableaux 7.1 et 7.2, l'empreinte digitale semble être la modalité la plus approuvée techniquement, la moins coûteuse (grâce notamment aux nouveaux capteurs de type *chip silicium*) et la fiabilité en terme d'erreur à la reconnaissance. Ce qui explique, sa suprématie sur le marché biométrique comme le confirme la répartition dans la figure suivante:

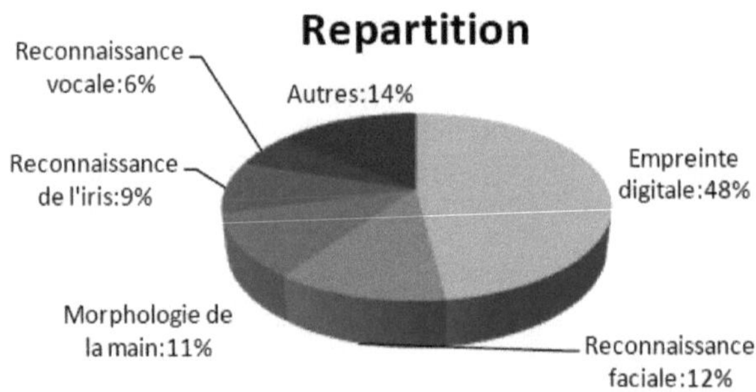

Figure 7-1 Répartition des techniques biométriques en 2008 **[REF7].**

8. Mesure de performance d'un système biométrique en mode vérification :

Il est impossible d'obtenir une coïncidence absolue (100% de similitude) entre la signature X créée lors de l'enrôlement et Y, celle créée lors de la vérification. En effet, les signaux biométriques ne peuvent jamais être reproduits à l'identique à cause de différents facteurs comme le degré de coopération de l'utilisateur ou les conditions d'acquisition .

Par conséquent, le retour du module de comparaison est sous forme d'un score de similarité (ou de distance) S(X, Y). La décision du système serait ensuite régularisée suivant un seuil fixé t .La distribution des scores générées pour le même utilisateur (en comparant les signatures provenant d'un même utilisateur) est appelée distribution client (genuine distribution). La distribution des scores générées pour différents utilisateurs (en comparant les signatures de deux utilisateurs différents) est appelée distribution imposteur (impostor distribution). La figure I.6, illustre ces deux distributions. La zone de chevauchement indique les erreurs de reconnaissance possibles. Un seuil bas réconforte l'usage du système mais implique une plus forte probabilité d'intrusion. Un seuil haut accepte moins d'imposteurs mais en même temps rejette plus de clients potentiels. La fixation du seuil se fait suivant le compromis sécurité/usage (security/usability) souhaité pour le système de vérification.

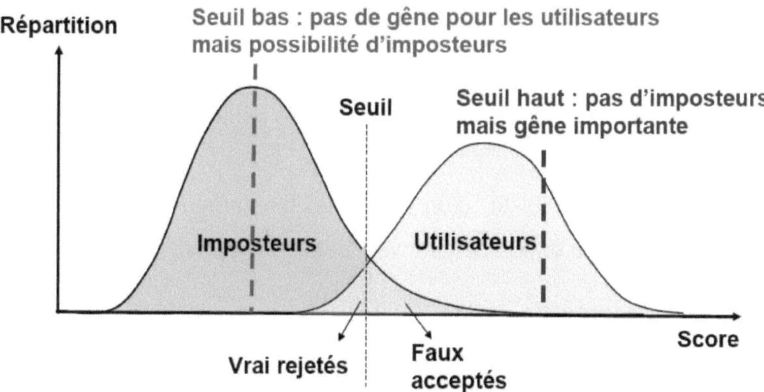

Figure 8-1 La mesure de performance dans un système de vérification biométrique

La **fiabilité** d'un système de vérification biométrique est donc caractérisée par deux statistiques sur l'erreur et qui sont:

- **TFR (le taux de faux rejets)** lorsque le système détermine que deux mesures biométriques d'une même personne sont différentes
- **TFA (le taux de fausses acceptations)** lorsque le système détermine que les mesures biométriques de deux personnes appartiennent à la même personne.

Le point sur lequel les deux taux sont égaux est appelé le point d'équivalence des erreurs et exprime le taux d'erreur égale (**TEE**). Plus cette valeur est faible, plus le système est fiable, car il y a alors un bon compromis entre sécurité/usage. Outre ces taux d'erreur, le taux d'échec à l'acquisition **TEA** et le taux d'échec à l'enrôlement **TER** sont également employés pour établir la fiabilité d'un système biométrique.

- **Remarque :** Il convient d'étudier attentivement les affirmations faites par les fournisseurs au sujet de la fiabilité de leurs produits, car :

- Il se peut que le fournisseur ne mentionne que l'une des statistiques décrites ci-dessus, pour soutenir ses prétentions.
- Les taux de fiabilité présentés par les fournisseurs sont habituellement établis au moyen de tests de reconnaissance de petite envergure dans des conditions contrôlées.
- Les impératifs de fiabilité d'un système biométrique dépendent de l'utilisation à laquelle on le destine : vérification ou identification.

9. Les défis de la biométrie

Aujourd'hui, la biométrie semble gagner un certain degré de maturité qui pourrait sous-entendre que le problème, essentiellement un problème de reconnaissance de formes (pattern recognition), est pratiquement résolu. Cependant, dans les débats actuels, la communauté scientifique **[REF8]** pointe du doigt que la biométrie n'est pas encore un problème dépassé et que bien au contraire, elle constitue toujours un défi à surmonter par rapport aux points suivants:

- **Fiabilité :** dans le tableau 9.1, on résume les performances typiques d'un système biométrique en mode vérification. Ces tests ont été rapportés dans **[REF8]**, et montrent que, d'un point de vue reconnaissance, des efforts sont toujours souhaités. Par exemple, si le système à base d'empreintes était utilisé dans un aéroport à 200.000 passagers/jour, il rejetterait 5000 utilisateurs licites. Ce qui engendre un inconfort certain.

Table 9-1 Performances typiques d'un système de vérification biométrique [REF8]

Biométrie	TER%	TFR%	TFA%
Visage	-	4	10
Empreinte	4	2.5	<0.01
Forme de la main	2	1.5	1.5
Iris	7	6	<0.001
Voix	1	15	3

- **Sécurité**: l'évaluation de la sécurité dans les systèmes biométriques reçoit de plus en plus d'attention de la part de la communauté biométrique. Plusieurs points de vulnérabilité ont été mis à jour dans différents travaux comme par exemple le fait de s'assurer que la biométrie utilisée n'est pas un clone. On aborde dans le chapitre III plus en détail l'ensemble des attaques menaçant l'intégrité de tels systèmes ainsi que les défis à relever.
- **Respect de la vie privée**: Étant donné qu'une biométrie est rattachée de façon permanente à une personne, son utilisation dans un système automatique peut impliquer des violations de la vie privée de l'utilisateur comme la possibilité de surveillance (tracking) ou l'utilisation du même identifiant dans d'autres applications différentes de l'initiale. Aujourd'hui, pérenniser l'utilisation de la biométrie est un autre défi à relever.

10. Conclusion

Dans ce livre, on va traiter de plus près ces nouveaux défis que rencontre la biométrie. On essayer d'adresser le problème de sécurité et de respect de la vie privée par l'utilisation d'une biométrie révocable. D'où l'intérêt se portera sur les empreintes digitales en raison de leur forte utilisation d'une part et en raison de leur caractère invasif vis-à-vis de la vie privée d'autre part.

1. Introduction

Le procédé d'identification des individus par leurs empreintes digitales sans l'aide de l'ordinateur s'appelle la **dactyloscopie** (du grec daktylos, « doigt », et scopie, « examen »). Le caractère unique d'une empreinte digitale en fait un outil biométrique très utile.

Pankanti et al. **[REF9]** estiment la probabilité que deux empreintes différentes coïncident à $5.5x10^{-59}$. C'est grâce aux travaux d'*Alphonse Bertillon*, dans les années 1880, que l'on a commencé à pouvoir d'identifier les individus par leurs empreintes **[REF10]**. L'idée d'en faire un instrument d'identification à part entière s'est imposée avec les recherches du britannique *Galton*, qui démontra la permanence du dessin papillaire de la naissance à la mort, son inaltérabilité et son individualité. À la fin des années 1960 et au début des années 1970, le Bureau Fédéral d'Investigation (FBI) américain a commencé à financer des recherches sur des technologies qui ont conduit à la mise au point des systèmes semi-automatiques de reconnaissance des empreintes digitales. Les progrès technologiques ont conduit à l'élaboration de systèmes entièrement automatisés. Le but de ce chapitre est de présenter le processus de reconnaissance par empreintes digitales.

2. Définition, classification et anatomie

Une empreinte digitale est le dessin formé par les lignes de la peau des doigts. Elles sont uniques et immuables, elles ne se modifient donc pas au cours du temps (sauf par accident) mis à part leur qualité qui peut se dégrader. On classe les empreintes selon un système vieux d'une décennie:

le système de Henry. Dans ce système, le classement repose sur la topographie générale de l'empreinte et permet de définir les trois principales classes suivantes (Figure .2.1):

- **Arches**: appelées aussi arcs ou tentes
- **Tourbillons**: spires ou verticilles
- **Boucle**: à droite ou à gauche

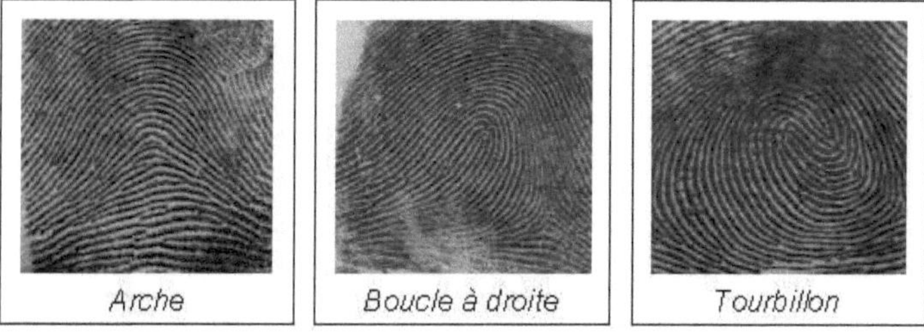

Figure 2-1 Les principales classes d'empreintes digitales

Les trois familles d'empreintes citées ci-dessus regroupent 95% des doigts humains : 60% pour les boucles, 30% pour les spirales et 5% pour les arches. A l'intérieur de chacune de ces catégories, il y a un très grand nombre d'éléments qui nous différencient les uns des autres. Ces caractéristiques sont formées par le flux des crêtes et vallées formant l'empreinte. La figure 2.2 illustre un exemple de ces caractéristiques:

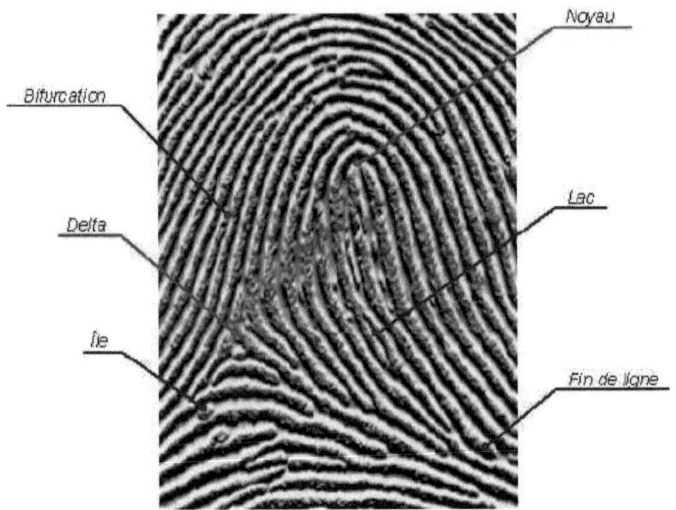

Figure 2-2 Image représentant quelques caractéristiques des empreintes digitales

Ces éléments sont à leur tour découplés en deux familles : les minuties et les singularités. La minutie est l'arrangement particulier des lignes papillaires (crêtes et vallées) à l'origine de l'individualité des empreintes. Les minuties peuvent être de différents types comme le montre la figure 2-3, mais en pratique, deux types seulement sont utilisés à savoir les terminaisons (le point où la crête se termine) et les bifurcations (le point de carrefour de plusieurs crêtes). Cela s'explique par le fait que les autres types sont des combinaisons de terminaisons et de bifurcations.

Il existe deux points de singularités (Figure 2 - 4) : le core et le delta. Le delta est localisé à la confluence de trois différentes crêtes. Le core est le point de courbure maximale.

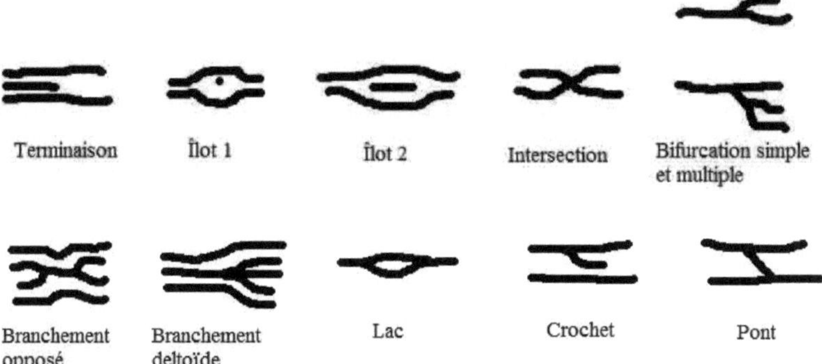

Figure 2-3 Les différents types de minuties **[REF1]**

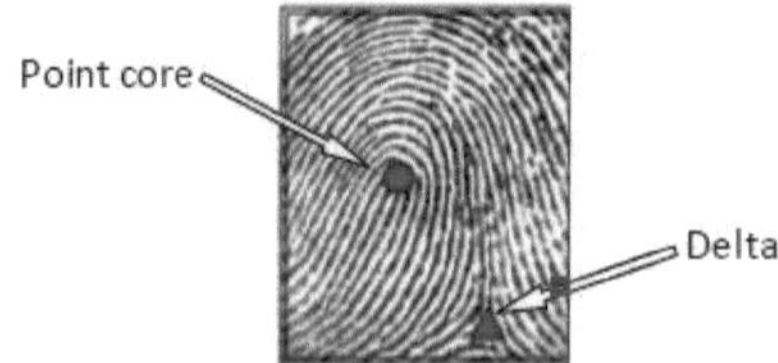

Figure 2-4 Les singularités dans une empreinte

A une très grande résolution, on peut observer d'autres caractéristiques qui sont considérés très discriminante, à savoir, les pores comme le montre la figure suivante :

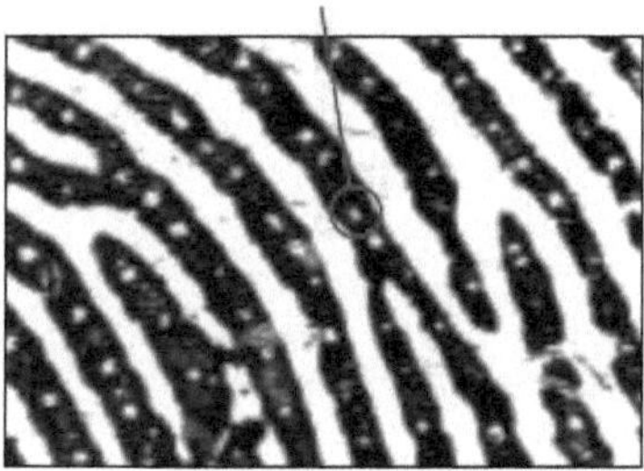

Figure 2-5 Les caractéristiques visibles sur une grande résolution

3. Problème de reconnaissance des empreintes :

Le problème de reconnaissance des empreintes digitales est un problème de reconnaissance de caractéristiques (pattern recognition). Un tel système est un système automatique de prise de décision qui requiert :

- *(i)* des données en entrée
- *(ii)* une représentation interne de ces données en utilisant des procédures d'extraction de caractéristiques
- *(iii)* et enfin une décision est prise en se basant sur le modèle extrait. Ce processus se base sur plusieurs étapes explicitées dans ce qui suit :

3.1. Phase de capture :

Suivant le type de l'application, l'empreinte peut être acquise de façon indirecte ou directe. Sur une scène de crime, l'empreinte est latente comme le montre la figure 3.1, de ce fait sa numérisation passe par un processus assez élaboré. Dans une application non forensique, l'empreinte peut être acquise par encre (inked fingerprint). Mais ce processus tend à disparaître avec la vulgarisation grandissante des capteurs (sensors). Aujourd'hui les deux processus d'acquisition sont :

- **Relever les empreintes latentes :** Pour relever les traces digitales latentes, les dactylo-techniciens emploient le pinceau et une poudre très fine. Lorsque les poudres se révèlent inefficaces, on utilise des techniques alternatives qui sont décrites (dans l'annexe B).

Figure 3-1 Image montrant le prélèvement des empreintes latentes à l'aide de poudre **[REF11]**

- **Capturer les empreintes directes** : Le terme procédé directe (*live-scan*) est un terme collectif englobant les images d'empreintes directement obtenues sans l'étape intermédiaire de l'impression sur du papier. En l'occurrence un dispositif spécial est utilisé, **les capteurs** qui peuvent être de différents types : optique, capacitif, à circuit intégré, etc. (voir annexe B). L'essentiel est de comprendre qu'un capteur possède plusieurs propriétés (comme la résolution ou la surface d'acquisition) qui influent sur la qualité de l'image résultat.

3.2. Phase de prétraitement :

Une image d'empreinte est représentée par une matrice 2D où chaque élément *I[x,y]* représente le niveau de gris du pixel *(x,y)*. Avant d'extraire les caractéristiques de cette image, un prétraitement est parfois nécessaire. On peut, par exemple, avoir besoin des prétraitements suivants :

- **Calcul de l'image d'orientation** : l'orientation locale d'un point *(x,y)* est la valeur de l'angle $\theta_{xy} \in [0^o.180^o[$ parallèle au flux de crêtes sur le voisinage local centré en (x,y) comme le montre la figure suivante :

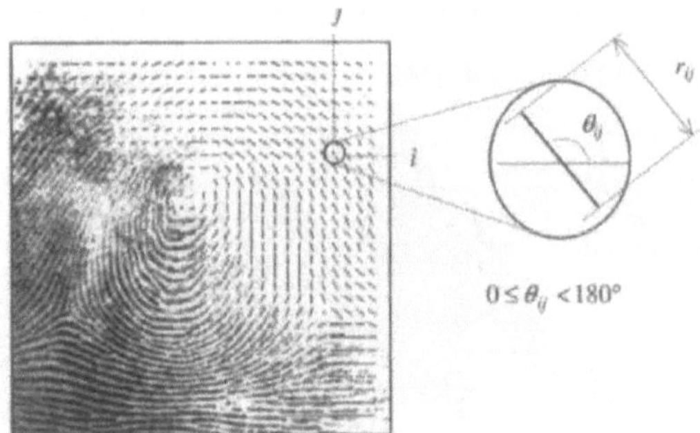

Figure 3-2 Orientation locale dans une image d'empreinte

La façon la plus naturelle de calculer l'image d'orientation est basé sur le calcul du gradient (on expliquera plus en détails cette partie dans le chapitre Conception).

- **Segmentation de l'image** : Le but de cette étape est de supprimer toute ambiguïté en détectant des zones d'intérêt des zones de bruit et en faisant ressortir la plus grande partie possible d'information utile au système.
- **L'extraction des points singuliers :** parfois, il y a besoin de ces points pour faciliter le processus d'*enregistrement* (registration) dans le but de combler les problèmes de translation ou de rotation.
- **Détection du point core :** Le point core est le centre de l'empreinte digitale et sa localisation est essentielle dans notre processus d'authentification. On définit le point core d'une empreinte digitale comme le point de courbure maximale des crêtes dans les images d'empreintes. Donc pour le détecter il suffit de calculer les courbures des crêtes à l'intérieur des blocs et prendre la plus grande (courbure maximale).

3.3. Extraction des caractéristiques :

Si chaque A.F.I.S. (Automated Fingerprint Identification System) emploie des méthodes d'analyses différentes, le principe d'identification reste sensiblement le même; il s'agit toujours d'extraire certaines caractéristiques sous forme de structure de données (ou signature): on ne conserve jamais toute l'information originale. En général, on distingue deux catégories d'algorithmes de reconnaissance d'empreintes digitales suivant les caractéristiques extraites:

3.3.1. Localisation des minuties

Cette méthode ne retient que l'emplacement des minuties les plus pertinentes. Le logiciel extrait donc une quarantaine de minuties réelles de l'empreinte (On entend par réelle ou fiable, les minuties qui ne sont pas influencées par des défauts lors de l'acquisition de l'image ou par l'altération temporaire de l'empreinte digitale : blessure, érosion, bruit etc.). Seules les positions et directions de ces points sont stockées dans la signature de l'empreinte pour les futures comparaisons comme le montre la figure suivante :

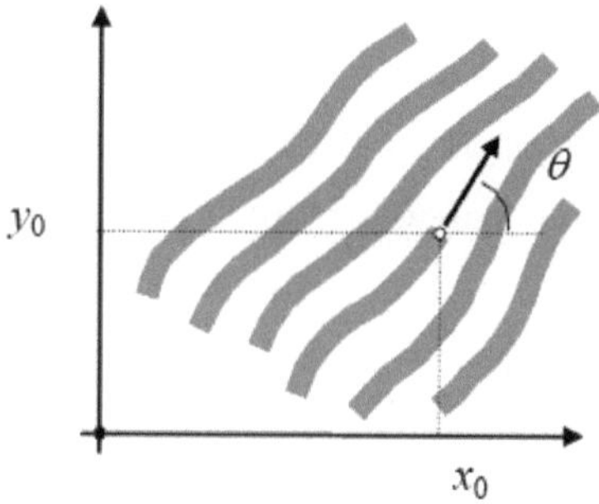

Figure 3-3 Caractéristiques d'une minutie

Le processus d'extraction le plus utilisé suit les étapes suivantes (voit Figure .3.4)

- **Binarisation de l'image :** L'image ainsi traitée doit être binarisée, c'est-à-dire que l'image en 256 niveaux de gris sera transformée en une image binaire. Ce qui veut dire qu'un pixel sera soit noir (appartient à une crête), soit blanc (situé sur un creux).

- **Squelettisation de l'empreinte :** Dans l'image binarisée (noir et blanc) les lignes se voient clairement mais elles ont de tailles différentes. Pour pouvoir détecter rapidement les minuties (terminaisons, bifurcations), il est nécessaire d'obtenir une image plus schématique de l'empreinte, dans laquelle toutes les lignes ont la même épaisseur (1 pixel).

Image d'origine Image binarisée Image squelette

Figure 3-4 Les étapes d'extraction des minuties.

3.3.2. Traitement de texture :

Cette méthode repose sur l'étude de la texture. La texture est la répétition spatiale d'un élément de base dans l'image. Elle est caractérisée par des propriétés telles que la direction locale des crêtes, les composantes fréquentielles locales de la texture de l'empreinte ou l'isotropie. C'est une alternative aux minuties et fait aujourd'hui l'objet d'un véritable axe de recherche.

L'étude de la texture locale utilise des algorithmes basés sur la corrélation qui divise l'empreinte en petits secteurs (ou blocs) où la direction, la fréquence, le pas des lignes ou autres descripteurs de texture sont extraits puis stockés. Elle permet un traitement très rapide, et donc un temps de réponse très court.

Dans notre travail c'est cette approche qu'on va étudier, de ce fait on la détaillera dans la partie pratique de notre projet. Par rapport à la méthode précédente où le modèle extrait est sous forme d'une ensemble de points, cette méthode génère un vecteur ordonnée est fixe en taille. L'approche la plus connue et la plus reprise dans différents travaux repose sur le calcul du **FingerCode [REF12],** voir figure 3.5. Dans le PFE **[REF13]**, la même méthode a été reprise.

Figure 3-5 Fingercode dans une image

D'autres travaux tout aussi intéressants existent. Dans **[REF14],** les auteurs utilisent trois descripteurs de texture : l'orientation locale des crêtes, les réponses locales du filtre de Gabor et les attributs spectraux issus de l'analyse de Fourier. Un score de similarité basé sur la fusion des descripteurs a ensuite été utilisé.

4. Conclusion :

On a donc vu que la biométrie existe sous de multiples formes et que malgré le fait que l'empreinte digitale soit la plus utilisée, et considérée comme la plus sûre, elle comportait également de nombreuses restrictions. L'identification par l'empreinte digitale regroupe en fait un grand nombre de techniques de prélèvement, qui bien que basées sur un même principe, sont aussi variées que le nombre d'attentes auxquelles il faut répondre. Il faut aussi considérer le fait que ces méthodes traitent de données très personnelles et dont la confidentialité reste le sujet le plus controversé ce qui oblige les utilisateurs à sécuriser de façon très minutieuse l'accès à ces données. Dans le chapitre suivant, on va aborder bien le problème de la sécurité dans les systèmes biométriques.

Chapitre III : *SECURITE DES SYSTEMES BIOMETRIQUES*

1. Introduction :

Un système biométrique peut être considéré comme un système d'information à part entière. Il est donc soumis lors de son déploiement à différentes contraintes de sécurité. Concernant la biométrie, ces contraintes peuvent avoir un caractère particulier dû au fait de l'utilisation de données personnelles et sensibles qui sont l'identifiant biométrique. Aujourd'hui, le problème d'évaluation de la sécurité des systèmes biométriques se pose réellement et fait l'objet d'un réel débat.

Il est bien connu que la méthodologie principale pour évaluer la sécurité dans les systèmes d'information est basée sur la notion de critères communs **CC [REF16]**. Ces critères communs font l'objet d'une standardisation ISO 15408. A l'état actuel des choses, ces critères ne suffisent pas pour évaluer complètement les systèmes biométriques. Ils doivent avant cela prendre en compte les problèmes et les exigences de ces systèmes.

Récemment, un groupe de travail a suggéré une nouvelle méthode d'évaluation de la sécurité dans les systèmes biométriques basée sur les critères communs **[REF17]**. Pour ce faire, deux points importants par rapport auxquels un système biométrique a besoin d'une considération spéciale ont été identifiés :

Un modèle d'attaque possible basé sur 15 points de vulnérabilités a été identifié. Après leur analyse, les auteurs concluent qu'un système biométrique peut être évalué sous les mêmes CCs que n'importe qu'elle autre IT système en prenant en compte des objectifs de sécurité (target security) spécifiques au domaine biométrique. Entre autres, cela concerne la **protection des données de l'utilisateur et le respect de sa vie privée**.

Une autre proposition sur la standardisation de l'évaluation de la sécurité dans les systèmes biométriques a été adressée par la norme internationale ISO/IEC

FCD 19792 **[REF19]**. Le rapport présente une vue d'ensemble des vulnérabilités possibles. Il inclut aussi la phase de test du respect de la vie privée avec le processus d'évaluation.

Concernant le problème d'évaluation de performance, cela a été principalement pris en charge par les deux organismes NIST et ISO (ISO/IEC 19795).

D'autres travaux concernant la modélisation des attaques, sur le plan académique, existent. Une technique de modélisation par arbre d'attaque a été introduite par Schneier **[REF20]** où une structure d'arbre a été présentée pour analyser la sécurité des protocoles, applications et réseaux de façon générale. Ileana Buhan dans sa thèse **[REF21]**, reprend cette technique et modélise les attaques possibles sur un système biométrique en utilisant un arbre à trois niveaux 3W-tree et en se basant sur 17 points de vulnérabilités identifiés dans les travaux de Bolle *et al.* **[REF22]**. Récemment, Henniger *et al.* **[REF23]** présentent un modèle d'évaluation de la sécurité dans un système de vérification d'empreintes digitales en se basant sur les critères communs dans **[REF24]** mais en développant plus en détails les niveaux de vulnérabilités.

Une problématique qui reste ouverte dans l'évaluation des systèmes biométriques est **l'analyse des vulnérabilités potentielles**. Dans le prochain paragraphe, on va essayer de présenter une synthèse sur les niveaux de vulnérabilités présents dans un système biométrique.

2. Analyse de vulnérabilités dans les systèmes biométriques :

Les vulnérabilités dans les systèmes biométriques sont organisées en deux classes :

- **Les vulnérabilités intrinsèques** : c'est à dire la défaillance de la sécurité en raison d'un comportement erroné inhérent au système biométrique. Entre autres, un système de vérification qui peut faire deux types d'erreurs dans la prise de décision, à savoir la fausse acceptation et le faux rejet.

- **Les vulnérabilités face aux attaques adverses** : ce sont les attaques intentionnelles sur le système biométrique dont le succès dépend des lacunes dans la conception de la politique de sécurité du système et la disponibilité de ressources de contre mesure.

2.1. Vulnérabilités intrinsèques :

Les points importants qui influent directement sur le critère *acceptabilité* de la biométrie :

- **Problème de fiabilité :** Aucune des mesures utilisées ne se révèle être totalement exacte car il s'agit bien là d'une des caractéristiques majeures de tout organisme vivant : on s'adapte à l'environnement, on vieillit, on subit des traumatismes plus ou moins importants, bref on évolue et les mesures changent. De manière générale, les faiblesses de ces systèmes ne se situent pas au niveau de la particularité physique sur laquelle ils reposent, mais bien sur la façon avec laquelle ils la mesurent, et la marge d'erreur qu'ils autorisent. Advenant des erreurs dans le processus d'identification, est-ce au citoyen ou a l'employer de porter le fardeau de prouver qu'il est bien la personne qu'il prétend être? **[REF19]**
- **Problème d'éthique :** La généralisation des systèmes de traçage des êtres humains suscite de nombreuses interrogations. l'utilisation du corps humain comme outil d'identification en plus de sa sauvegarde dans les bases de données posent un vrai problème de bioéthique.
- **Problème en relation avec le caractère non secret de la biométrie :** Comme révélé par Scheneier dans **[REF25]**, la biométrie est unique mais non secrète. Une empreinte peut laisser des traces sur tous ce que l'on

touche, un visage peut être pris en photo et une voix peut tout simplement être enregistrée. Ainsi, la possibilité de collecter et d'utiliser la donnée biométrique sans l'accord et le consentement de la personne la rend très sensible.

- **Problème d'irrévocabilité** : Le principal inconvénient des technologies biométriques d'identification est qu'en cas d'abus, elles ne peuvent être révoquées: on ne peut pas changer ses empreintes digitales, son iris ou la forme de son visage aussi facilement qu'on change un mot de passe.
- **Problème de violation de la vie privée** : Ceux qui s'opposent aux systèmes biométriques soutiennent qu'il y a des dangers de violation des libertés individuelles inhérents à leur implantation. La biométrie est considérée comme une donnée personnelle et sensible, ainsi la collecte et le stockage de ce genre de données doivent être régis par des juridictions légales. Les cas de violation de la vie privée concernant la biométrie sont nombreux, on cite les points suivants:

- La donnée biométrique (surtout sous sa forme brute) peut exposer des informations sensibles sur la personne comme sur son origine ethnique ou son état de santé. Cela peut être ensuite utilisé comme objet de stigmatisation comme la discrimination raciale.
- La biométrie est une information unique concernant l'individu. Une fois la capture faite, comment s'assurer de la protection de cette donnée ? Comment savoir comment ces données seront-elles manipulées après ? Qui sera responsable de vérifier que les données seront correctement manipulées ? Un des problèmes connus est celui du *changement de finalité*, vu l'unicité de la biométrie, cette dernière peut être soumise à une autre application ou base de données sans le consentement de la personne.

- La possibilité de profilage et de surveillance d'une personne inscrite sur plusieurs bases de données est aussi à un autre risque de violation de la vie privée. Surtout que nous savons que le format du modèle biométrique est aujourd'hui standardisé ce qui suggère la possibilité d'interopérabilité entre plusieurs systèmes.

- **Problèmes des menaces non-intentionnels ou non-informatiques** : étant un système d'information comme un autre, il peut être soumis aux même types de menaces comme: les pannes, les erreurs d'exploitation et d'implémentation, les sinistres, etc.

2.2. Vulnérabilités dues aux vecteurs d'attaques possibles :

La modélisation des vecteurs d'attaques possibles est, elle aussi, un problème qui a été longuement traité dans la littérature. Suivant l'architecture du système biométrique déployé, on peut avoir un système local (sur un PC) ou un système ouvert sur le réseau comme un système d'authentification à distance. Le dernier cas étant plus sensible aux attaques .

Dans la figure 2.1 on reprend l'un des premiers modèles d'attaque proposé par Ratha *et al.* **[REF25]**. Les autres modèles faisant extension de cette proposition.

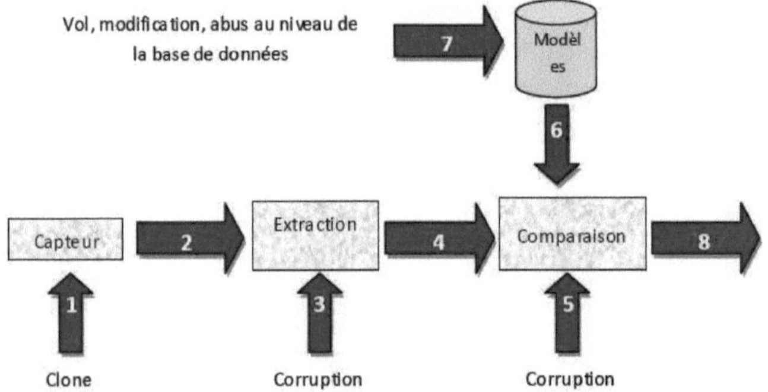

Figure 2-1 Vecteurs d'attaques proposés dans **[REF25]**

Les attaques possibles suivent les 3 classes de vulnérabilités :

- **Vulnérabilité au niveau du capteur** : certains capteurs n'ont pas la possibilité de s'assurer que la biométrie est intègre et ainsi accepte facilement un clone. L'empreinte digitale est largement concernée par ce type d'injection comme le montre la figure suivante :

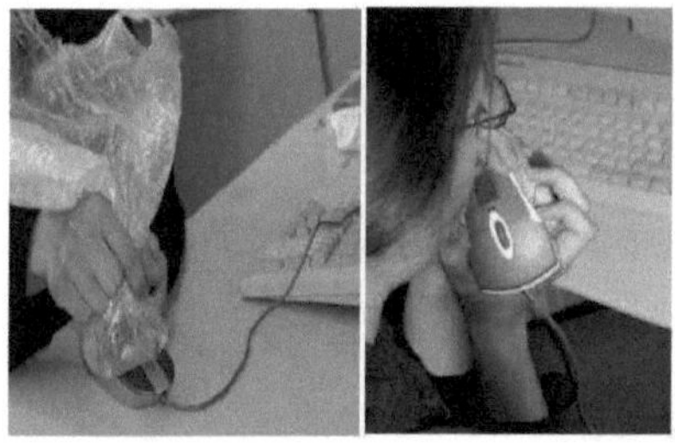

(a) Réveiller une empreinte latente

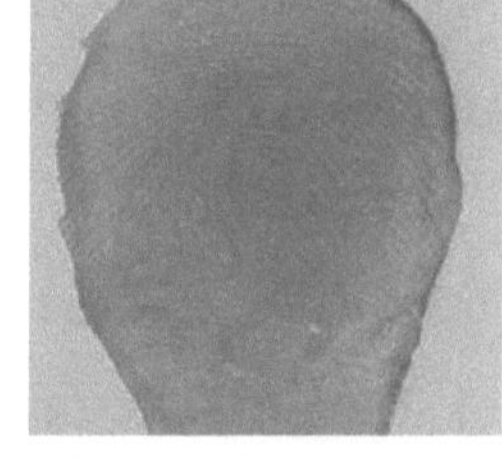

(b) Fabrication d'un moulage

Figure 2-2 Exemples d'empreintes artificielles

- **Vulnérabilité au niveau des canaux de communication** *(points 2,4,6,8 dans la figure 2.1)* :

si les canaux de communications entre les différents composants du système ne sont pas protégés, ils peuvent donner lieu à différentes attaques comme: l'écoute du canal (eavesdropping) cela est dangereux dans le sens où une information sensible est dévoilée et qui , de plus, peut être rejouée plus tard (replay) ou bien modifiée (tempering) ou bien remplacée (man-in-the-middle). Un autre type d'attaque est *l'attaque par mascarade*, qui peut être utilisée pour déjouer le capteur. En effet l'utilisation d'un clone étant dangereuse (car expose l'attaquant), il est plus pernicieux d'injecter une fausse capture au niveau du point 2. Dans **[REF26],** les auteurs ont réussi à voler à partir de la base de données un modèle des minuties et à reconstruire une image proche de l'originale à partir de ce modèle. L'acceptation de cette image reconstruite par le système cible a réussi dans 81% des cas !

- **Vulnérabilité au niveau de la base de données** : la base de données des modèles peut être exposée à différentes menaces : capture du modèle de référence, sa substitution, sa modification, sa compromission. Le risque majeur est qu'il s'agira d'une manipulation illicite de données sensibles et personnelles.

3. Propriétés d'une méthode de protection efficace

Pour dire qu'une méthode est efficace et applicable, il faut que le modèle qu'elle génère possède les propriétés suivantes (voir Figure 3.1):

- ***La révocabilité:*** Bien entendu, il doit être facile de révoquer et de remplacer le modèle de référence en se basant sur les mêmes données biométriques.
- ***La diversité:*** Pour assurer la protection de la vie privée de l'utilisateur, deux modèles révoqués ne doivent pas être comparés positivement. Cela délimitera le problème de surveillance sur différentes bases de données.
- ***La confidentialité:*** Il doit être complexe voire impossible d'inverser le modèle protégé et de recalculer le modèle biométrique original.
- ***La performance:*** Cette méthode de protection ne devrait pas dégrader la performance du système biométrique (FAR et FRR).

Le défi majeur dans la conception d'un système biométrique de protection de modèle est de satisfaire toutes les exigences ci-dessus en sachant qu'on aura à chaque capture un gabarit différent de celui stocké en maintenant la fiabilité du système en termes de taux d'erreur.

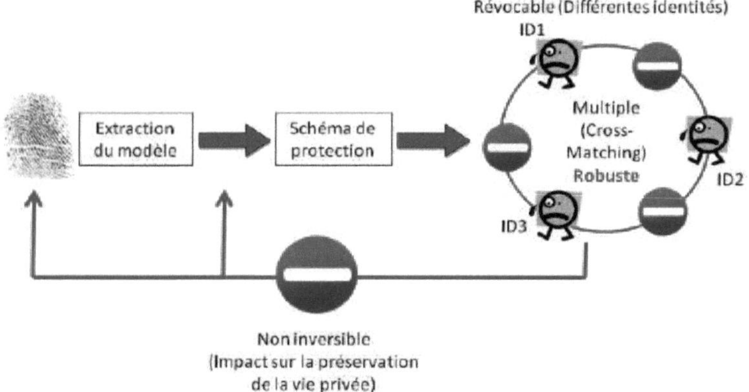

Figure 3-1 Propriétés d'un schéma de protection des modèles biométriques

4. Les méthodes existantes

Elles sont classées en deux catégories :

4.1. Méthodes de transformation :

Le principe de ces méthodes est qu'une fonction de transformation (F) est appliquée au modèle biométrique (T) et que le modèle transformé (F (T, K)) est stocké dans la base de données. Les paramètres de la fonction de transformation sont généralement dérivés d'une clé aléatoire (K) ou d'un mot de passe. La même fonction de transformation (F) est appliquée à la requête (Q) ce qui nous donne la requête transformé (F (Q, K)) qu'on compare avec le modèle stocké (F (T, K)). Selon les caractéristiques de la fonction de transformation (F) on peut distinguer deux méthodes :

a) **Le salage :**

Définition: Plus connu sous le nom de BioHashing, c'est une approche de protection dans laquelle les caractéristiques biométriques sont transformées en utilisant une fonction définie par la clé spécifique de l'utilisateur ou son mot de passe. La clé doit être solidement stockée et présentée par l'utilisateur lors de l'authentification. Ce besoin d'information supplémentaire sous la forme d'une clé augmente l'entropie du modèle biométrique et par conséquent, il est difficile pour l'adversaire de deviner le modèle.

Le salage, en cryptographie, est l'injection d'une donnée secrète souvent aléatoire appelée sel dans une fonction de hachage dans le but d'augmenter la complexité d'une attaque. En raison des variations du signal biométrique, on ne peut appliquer les algorithmes de salage/hachage traditionnels comme on l'aurait fait pour un mot de passe en utilisant par exemple la méthode définie par le standard PKCS5. Pour remédier à cela, la méthode du BioHashing a été proposée **[REF27]** :

Le *sel* sera sous forme d'une matrice aléatoire générée à partir d'un seed unique à chaque utilisateur *U*. Le modèle final à stocker est un code binaire appelé *biocode*. La méthode (voir Figure.4.1) consiste à projeter la donnée biométrique (normalisée) sur une base orthonormée générée à partir de la clé. La dimension résultante est au plus égale à la dimension de représentation de la donnée biométrique. Cette phase consiste donc à cacher en quelque sorte la donnée biométrique dans une partie de l'espace. L'utilisation d'une base orthonormée permet de garantir la conservation des relations de similarité entre deux données biométriques projetées. La seconde étape consiste à quantifier ce résultat à l'aide d'un simple seuillage. Cette étape permet de garantir la non inversibilité du procédé (retrouver la donnée biométrique initiale à partir du biocode) et de rendre robuste le procédé (en autorisant des différences mineures dans le vecteur projeté inhérent à l'acquisition de la donnée biométrique).

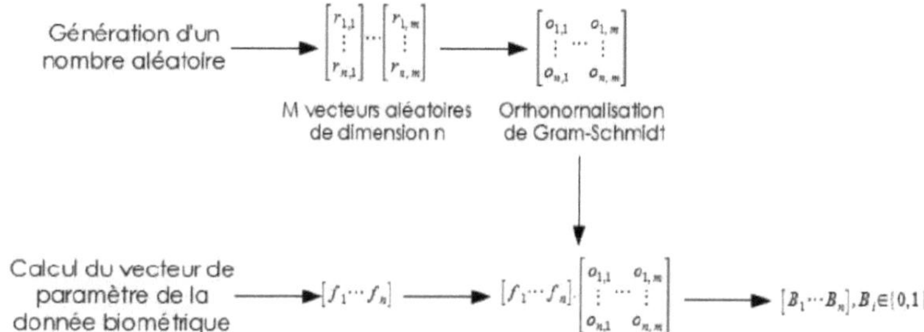

Figure 4-1 Description du processus de génération du BioCode

- *Avantage:* Puisque la clé est spécifique à l'utilisateur, plusieurs modèles pour le même utilisateur biométriques peuvent être générés en utilisant différentes clés.
- *Limites:* Si la clé spécifique est compromise, alors le modèle n'est plus sûr, parce que la transformation devient généralement réversible.

b) Transformation non inversible :

Dans cette approche, le modèle biométrique est fixé en appliquant une transformation non-inversible qui se réfère à une fonction à sens unique, F, *facile à calculer* mais *difficile à inverser*. Les paramètres de la fonction de transformation sont définis par une clé qui doit être disponible au moment de l'authentification. La principale caractéristique de cette approche est que même si la clé et/ou le modèle transformé sont connus, il est difficile pour un adversaire de récupérer le modèle d'origine.

Ratha **[REF28]** applique aux empreintes digitales un certain nombre de transformations en se basant sur les minuties (Figure 4.2). Cette méthode impose un compromis entre sécurité et fiabilité vu le taux d'erreur important (10%).

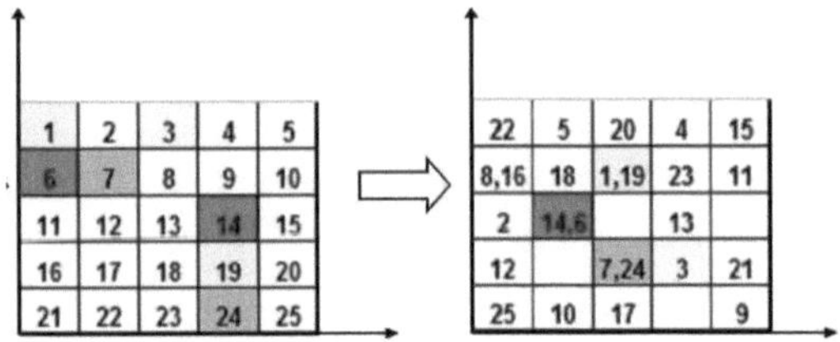

Figure 4-2 Exemple d'une transformation des points du plan cartésien (one-to-many)

- *Avantage:* Comme il est difficile de récupérer les données biométriques d'origine, même lorsque la clé est compromise, ce schéma offre une meilleure sécurité que le salage.
- *Limites:* Le principal inconvénient de cette approche est la difficulté de trouver une fonction de transformation performante (c.-à-d. qui permet de distinguer entre les personnes d'une façon fiable) et aussi qu'elle soit non-inversible.

4.2. Méthodes de cryptage :

Dans un crypto-système, certaines informations publiques sur le modèle biométrique sont stockées, on les appelle « données d'aide » ou « données auxiliaires ». Ces données auxiliaires ne sont censées révéler aucune information sur le modèle biométrique original néanmoins il est nécessaire d'extraire une clé à partir des caractéristiques biométriques afin de garantir un niveau de sécurité très élevé. La correspondance est faite en vérifiant la validité de la clé extraite. Les crypto-systèmes biométriques peuvent être classées, selon la façon dont les données d'aide sont obtenues, en deux familles :

a) Protection de clé

- *Définition:* ce schéma a été introduit par les laboratoires RSA, le modèle biométrique est lié avec une clé dans un cadre cryptographique. Une entité unique, qui intègre à la fois la clé et le modèle, sera stockée dans la base de données sous forme de *données d'assistance* (Helper data). Ces données auxiliaires ne doivent pas révéler beaucoup de renseignements sur la clé et le modèle dans le but qu'il soit impossible de décoder la clé ou le gabarit sans avoir les données biométriques de l'utilisateur. Les codes correcteurs d'erreur sont alors principalement utilisés. Le schéma d'une telle méthode est résumé par la figure suivante :

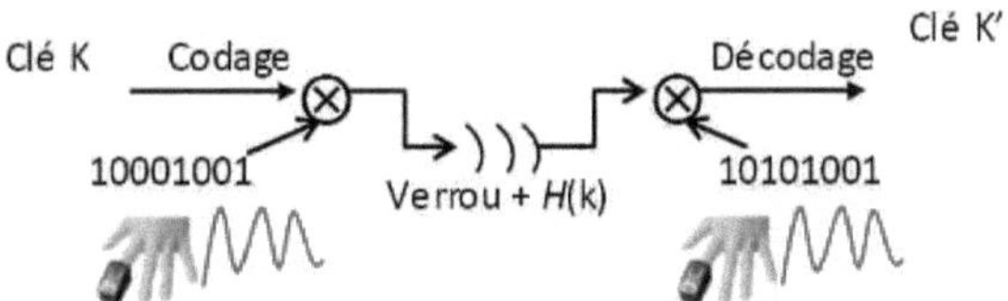

Figure 4-3 Crypto-système biométrique par liaison de clé

La Figure **4.3** présente la méthode de base telle que proposée par Juels et Wattenberg **[REF29]**, appelée aussi fuzzy commitment. Durant l'enrôlement, un mot de code

$c \in \{0,1\}^n$ est calculé à partir de la clé *K* de l'utilisateur *U*. La biométrie de l'utilisateur est représentée sous la forme d'une suite *x* de *n* bits (représentation basée vecteur).

Seul le couple ($c \otimes x$, H(k) sera stocké, *H(.)* étant une fonction de hachage à sens unique

(MD5 ou SHA1). Durant l'authentification, l'utilisateur *U* se présente avec son signal biométrique *x'*. Pour vérifier l'engagement ($c \otimes x$, *H*(*k*)), la valeur ($c \otimes x \otimes x'$) est calculée pour pouvoir dériver ensuite la valeur de la clé *k'*, *k'* étant le mot de code le plus proche. L'utilisateur est authentifié si H(*k*) = H(*k'*) .

- ***Avantage** :* Cette approche est tolérante aux variations intra-utilisateur des données biométriques. Cette tolérance est déterminée par la capacité de correction du mot de code associé.
- ***Limites** :* La correspondance doit être faite en utilisant le correcteur d'erreurs intégré ce qui exclut l'utilisation de comparateurs sophistiqués. Cela peut éventuellement conduire à une réduction dans la fiabilité. L'autre inconvénient est que les systèmes de chiffrement biométriques ne sont pas conçus pour fournir la diversité et la révocabilité.

b) Génération de clé :

- *Définition :* encore à leur stade théorique, le but de ces méthodes est de générer de la biométrie variable une clé stable à chaque fois.
- *Avantage :* C'est une approche de protection des modèles qui peut être très utile dans des applications cryptographiques.
- *Limites :* Il est difficile de générer des clés avec une grande stabilité.

4.3. Méthodes de modèle révocables :

L'objectif principal de ces schémas est de faire de la biométrie révocable. Révocabilité signifie que on peut révoquer un modèle compromis et le remplacer par un autre, de la même manière qu'un mot de passe volé peut être remplacé par un nouveau.

L'idée principale de ces approches, dont le but est de protéger les modèles biométriques stockés, est qu'au lieu de stocker les données biométriques elles-mêmes, on stocke une version transformée du modèle en utilisant une fonction de transformation et de faire directement la tâche d'authentification dans le domaine transformé.

Ce travail est principalement concerné par ces solutions pour la protection de modèle.

Une approche idéale de la protection de modèle biométrique révocable doit satisfaire à quatre exigences **[REF37]:**

- Révocabilité:
  - Il devrait être possible de révoquer un modèle compromis et le remplacer par un nouveau sur la base des mêmes données biométriques.
- Diversité:
  - Si un modèle révoqué est remplacé par un nouveau modèle, il ne devrait pas correspondre avec l'ancien. Cette propriété garantit la confidentialité.
- Sécurité:
  - Il doit être difficile, par calcul, pour obtenir la modèle d'origine à partir du modèle protégé. Cette exigence a une autre désignation, par exemple, il est appelé non-réversibilité dans **[REF38, REF39].** Il convient de noter que l'exigence de sécurité d'un modèle biométrique diffère de la notion de sécurité globale d'un système biométrique qui est le résultat de l'inclusion de toutes les techniques de protection possibles dans un tel système.
- Performance:
  - L'approche de protection ne devrait pas dégrader les performances de la reconnaissance du système.

5. Protection du modèle d'empreinte digitale par la représentation de la coque:

[REF32] a proposé une méthode révocable pour la sécurisation d'un modèle d'empreinte digitale appelée modèle de coque. L'idée principale est de construire des courbes spirales spéciales à l'aide des informations de la minutie extraites à partir d'une image fingerprint. Ces courbes seront stockées dans le système de base de données à utiliser pour la reconnaissance. Cette nouvelle représentation des images d'empreintes digitales offre: la révocabilité, la diversité, la sécurité et la performance. Les principales étapes de transformation d'une empreinte digitale (FP) par cette méthode sont les suivantes:

Extraire les points singuliers de FP.

- Extraire les minuties.
- Calculer la distance entre chaque minutie et chaque point singulier (i.e le nombre de courbes sera égal au nombre de points singuliers dans FP). Ces distances sont invariantes par rapport à la translation et/ou la rotation (**Figure 5.1**).
- Trier les distances dans un ordre croissant.
- Les distances triées sont utilisées pour construire plusieurs triangles contigus à angles droits où les distances sont les hypoténuses de ces triangles (voir **Figure 5.2**). on ne garde que les courbes en spirale pour le matching. Il convient de noter que, pour le premier triangle, on choisit au hasard un « d_0 » comme distance initiale (voir la **Figure 5.2** (a) et l'algorithme 1.).
- En outre, une certaine valeur d_0 est ajoutée à chaque distance extraite, avant que le processus de construction des triangles soit démarré.

Chaque utilisateur aura son propre d_0 qui peut être considéré comme la clé de l'utilisateur. Lors de l'authentification, pour chaque image de test, on utilise le même processus appliqué sur l'image à authentifier en utilisant la même clé.

Pour les modèles de test, le point singulier le plus proche du centre de l'image de test est choisi pour calculer les distances. Toutefois, tout autre point singulier peut être utilisé dans ce processus puisque, dans la phase d'enrôlement, on a considéré tous les points singuliers extraits.

Pour faire le matching entre les différentes courbes d'essai et de référence, on a appliqué la distance de Hausdorff qui est largement utilisée dans la vision par ordinateur et l'infographie.

Algorithm 1. Fingerprint curve construction

Input: Sorted distances $d_1\ d_2 \dots d_n$ of a fingerprint impression
Parameters: User's key d_0
Output: A fingerprint curve FC
Let $DIS = [d_0, d_1 + d_0, d_2 + d_0, \dots, d_n + d_0]$ and $\theta_1 = 0$
for $i = 1$ to $n + 1$ **do**
  if $i == 1$ **then**
    $Leg_i = \sqrt{DIS_{i+1}^2 - d_0^2}$ ▷ Leg distance of the first right angle triangle
    $x = [0\ DIS_i\ DIS_i\ 0]$ ▷ Points abscissae of the first triangle
    $y = [0\ 0\ Leg_i\ 0]$ ▷ Points ordinates of the first triangle
  endif
  if $i > 1$ **then**
    $Leg_i = \sqrt{DIS_{i+1}^2 - DIS_i^2}$ ▷ Leg distance of the next right angle triangle
    $\theta_i = -atan\left(\frac{Leg_{i-1}}{DIS_{i-1}}\right)$
    $\theta_i = \theta_i + \theta_{i-1}$ ▷ Angle between d_0 and the last constructed leg
    $x = [0\ DIS_i\ DIS_i\ 0]$
    $y = [0\ 0\ Leg_i\ 0]$
    for $j = 1$ to 4 **do**
      $\Delta = \left[x_j\ y_j\right] \times \begin{bmatrix} cos(\theta_i) & -sin(\theta_i) \\ sin(\theta_i) & cos(\theta_i) \end{bmatrix}$ ▷ Change of basis
      $x_j = \Delta_1$ and $y_j = \Delta_2$ ▷ Coordinates in the vector space frame of the first triangle
    end for
  end if
  $CurveX_i = x_3$ and $CurveY_i = y_3$
end for
$FC(1,:) = CurveX$ ▷ Points abscissae of the fingerprint curve
$FC(2,:) = CurveY$ ▷ Points ordinates of the fingerprint curve

Figure 5-1 L'algorithme de protection du modèle d'empreinte digitale par la représentation de la coque

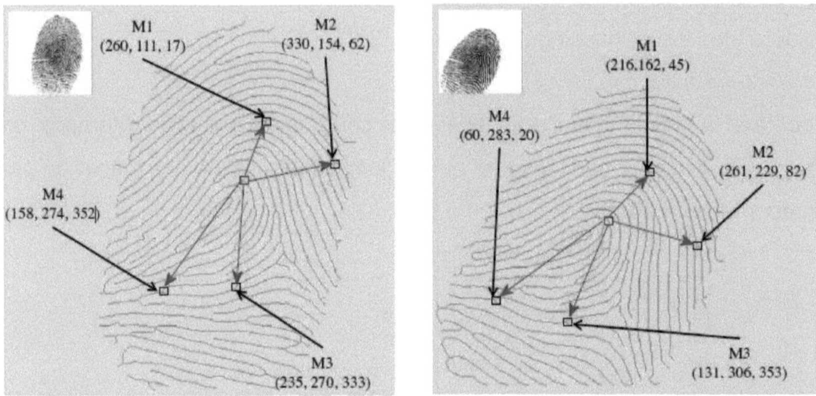

Figure 5-2 Des exemples de translation / rotation de deux impressions du même doigt. Emplacement et l'orientation de minuties (x, y, θ) sont modifiés de façon drastique. Les distances entre les points singuliers (carré rouge) et minuties (carrés bleus) sont relati

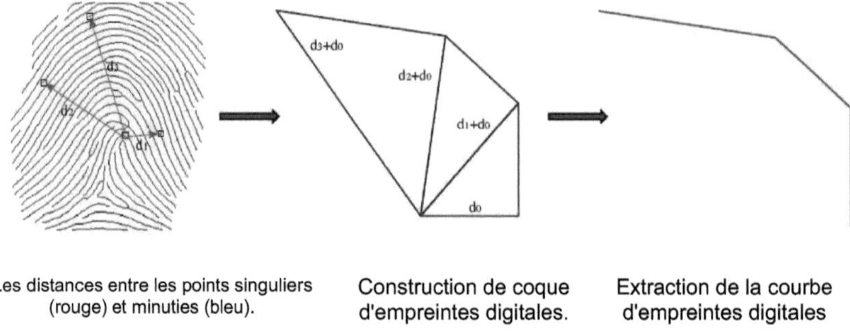

Les distances entre les points singuliers (rouge) et minuties (bleu).

Construction de coque d'empreintes digitales.

Extraction de la courbe d'empreintes digitales

a) Exemple simple de construction de la courbe Coque de l'empreinte proposée

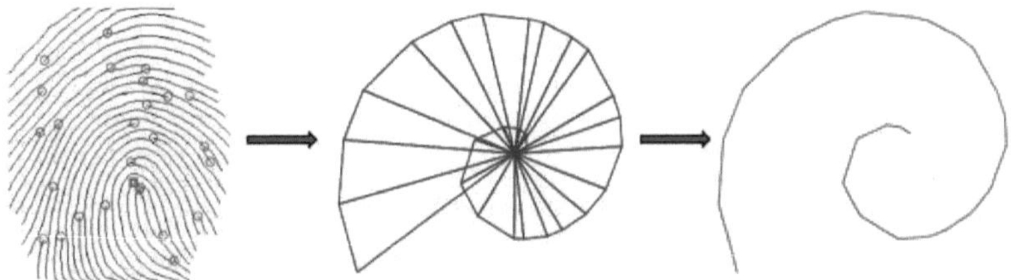

b) Une courbe Coque complète pour une FP.

Figure 5-3 Illustration de la construction de la coque d'empreintes digitales.

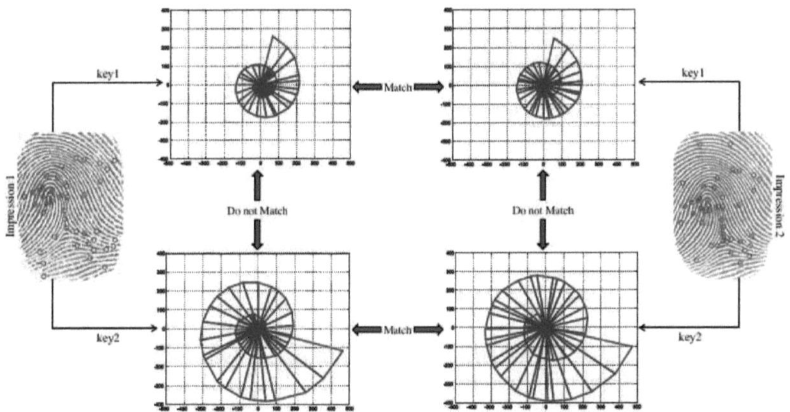

Figure 5-4 Illustration de révocabilité / la diversité; un exemple de deux impressions du même doigt en utilisant deux d0 différente.

6. Conclusion

Dans ce chapitre, on a discuté le problème de la vulnérabilité du modèle biométrique. On a survolé les différentes approches proposées pour sécuriser ces modèles. Les méthodes révocables semblent être prometteuses dans ce contexte. On a présenté en détail la méthode concernée : la sécurisation de Template d'empreinte digitale par la représentation de la coqué. En fait cette méthode semble efficace en terme de sécurité, mais malheureusement elle présente une faille de sécurité flagrante que on va discuter dans le chapitre suivant.

Chapitre IV : ATTAQUE DE L'ALGORITHME "SHELL"

1. Introduction

Dans ce dernier chapitre, on va implémenter l'algorithme de « SHELL », présenté dans le chapitre précédent, pour sécuriser le modèle d'empreintes digitales. Puis, on va discuter un algorithme d'attaque pour récupérer le modèle d'origine.

D'abord, on va appliquer l'algorithme SHELL sur un ensemble d'empreintes digitales de même doigt de la base FVC2002. Les modèles protégés consistent en un ensemble de courbes de coque qui seront stockées dans la base, ensuite on va réaliser une attaque contre cette base pour restaurer le modèle biométrique original.

2. Implémentation de l'algorithme de sécurisation 'SHELL' :

Afin de pouvoir estimer l'efficacité de l'algorithme « SHELL », on s'est retrouvé confrontés au problème du choix d'un langage de programmation approprié pour implémenter le méthode d'attaque. Comme on le sait, le langage de programmation affecte les performances de l'application tout comme son temps d'implémentation.

3. Le langage choisi :

4. Le Python

Figure 3-1 Le logo de Pyhton

Python est un langage de programmation objet, multi-paradigme et multiplateformes. Il favorise la programmation impérative structurée, fonctionnelle et orientée objet. Il est doté d'un typage dynamique fort, d'une gestion automatique de la mémoire par ramasse-miettes et d'un système de gestion d'exceptions ; il est ainsi similaire à Perl, Ruby, Scheme, Smalltalk et Tcl.

Le langage Python est placé sous une licence libre proche de la licence BSD2 et fonctionne sur la plupart des plates-formes informatiques, des supercalculateurs aux ordinateurs centraux, de Windows à Unix en passant par GNU/Linux, Mac OS, ou encore Android, iOS, et aussi avec Java ou encore .NET. Il est conçu pour optimiser la productivité des programmeurs en offrant des outils de haut niveau et une syntaxe simple à utiliser.

Il est également apprécié par les pédagogues qui y trouvent un langage où la syntaxe, clairement séparée des mécanismes de bas niveau, permet une initiation aisée aux concepts de base de la programmation. **[REF33]**

Le langage choisi pour concevoir l'application est le Python. Ce langage a plusieurs caractéristiques, on cite ci-dessous les plus importantes :

Le compilateur Python : Il est possible d'effectuer une analyse statique des modules Python avec des outils comme Pylint 26 ou PyChecker. Sans nécessiter une exécution, ces outils repèrent des fautes ou des constructions déconseillées. Par exemple, une classe qui hérite d'une classe abstraite et qui ne redéfinit pas les méthodes abstraites, ou bien des variables utilisées avant d'être déclarées, ou encore des attributs d'instance déclarés en dehors de la méthode __init__.

Il est aussi possible de générer un code intermédiaire (bytecode) Python.

Des outils comme PyInstaller ou d'autres plus spécifiques comme cx_Freeze sous Unix, Windows et Mac OS X, py2app sous Mac OS X et py2exe sous Windows permettent de « compiler » un programme Python sous forme d'un exécutable comprenant le programme et un interpréteur Python.

Le programme ne tourne pas plus rapidement (il n'est pas compilé sous forme de code machine) mais cela simplifie largement sa distribution, notamment sur des machines où l'interpréteur Python n'est pas installé. **[REF33]**

5. Matplotlib

Figure 4-1 Le logo de Matplotlib de Python

est une bibliothèque du langage de programmation Python destinée à tracer et visualiser des données sous formes de graphiques. Elle peut être combinée avec les bibliothèques python de calcul scientifique NumPy et SciPy. *Matplotlib* est distribuée librement et gratuitement sous une licence de style BSD. Sa version actuelle (la 1.4.3 en 2015) est compatible avec la version 3 de Python.

Plusieurs points rendent cette bibliothèque intéressante :

- Export possible en de nombreux formats matriciels (PNG, JPEG...) et vectoriels (PDF, SVG...)
- Documentation en ligne en quantité, nombreux exemples disponibles sur internet
- Forte communauté très active
- Interface pylab : reproduit fidèlement la syntaxe MATLAB
- Bibliothèque haut niveau : idéale pour le calcul interactif . **[REF34]**

6. Sublime Text

Figure 5-1 Le logo de sublime

Sublime Text est un éditeur de texte générique codé en C++ et Python, disponible sur Windows, Mac et Linux. Le logiciel a été conçu tout d'abord comme une extension pour Vim, riche en fonctionnalités1.

Depuis la version 2.0, sortie le 26 juin 2012, l'éditeur prend en charge 44 langages de programmation majeurs, tandis que des plugins sont souvent disponibles pour les langages plus rares.

7. La base de données FVC2002 :

FVC2002 **[REF28]** est la seconde édition de la compétition internationale pour évaluer les algorithmes de vérification d'empreintes digitales. L'évaluation a eu lieu en avril 2002 et les résultats des 31 participants ont été présentés au 16ème **ICPR** (International Conference on Pattern Recognition). Cette initiative est organisée par **D. Maio, D. Maltoni, R. Cappelli** du laboratoire Biolab (**Université de Bologne**), **JL Wayman** de la US National Biometric Test Center (San Jose State University) et **AK Jain** du laboratoire Pattern Recognition and Image Processing de l'Université du Michigan **[REF28].**

FVC2002 DB1 est une base standard qui contient des images d'empreintes en niveaux de gris. Elle est constituée de quatre bases de données, chacune prise avec un type de capteur différent. On a à disposition la FVC2002-DB2 qui est la seconde base dans l'ensemble. Elle est constituée de 800 images d'empreintes pour 100 individus. Pour chaque individu, on dispose de 8 images de la même empreinte (instance).

8. Ressource

Les tests ont été exécutés et réalisés sur un ordinateur:

- ✓ Un Lenovo G570 ayant un processeur **Intel Core I3-2350M**, possédant une mémoire RAM de 4 Giga sous système d'exploitation Windows 8.1 Pro et Kali Linux .

On va appliquer l'algorithme pour huit empreintes digitales pour un même doigt de la base de données FVC 2002.

Les résultats de représentation de la courbe des empreintes digitales en dessous:

Table 81-représentation spirale de huit empreintes digitales pour la même personne

Les Empreintes digitales	Les Courbes d'empreinte SHELL
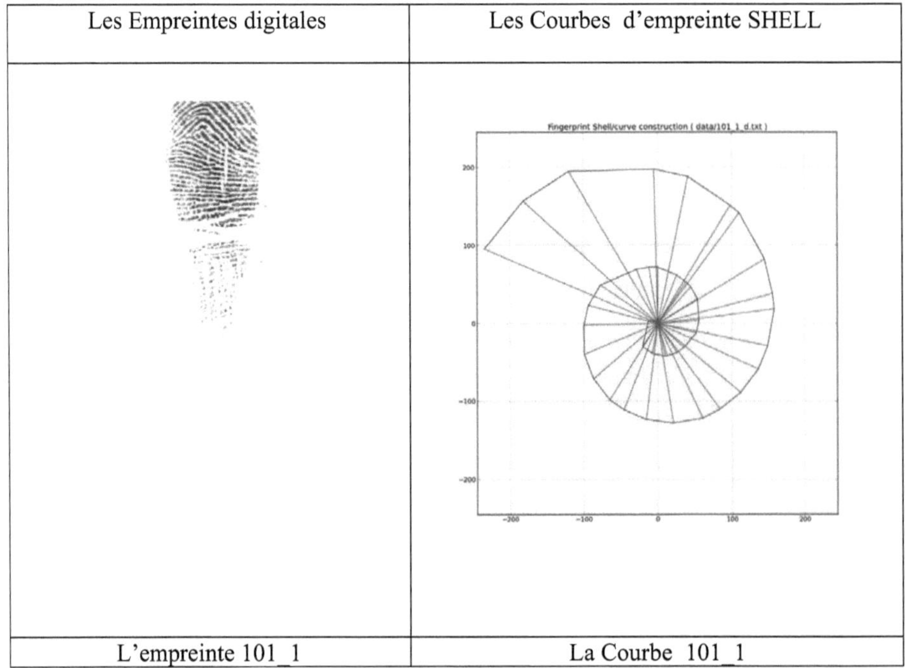	
L'empreinte 101_1	La Courbe 101_1

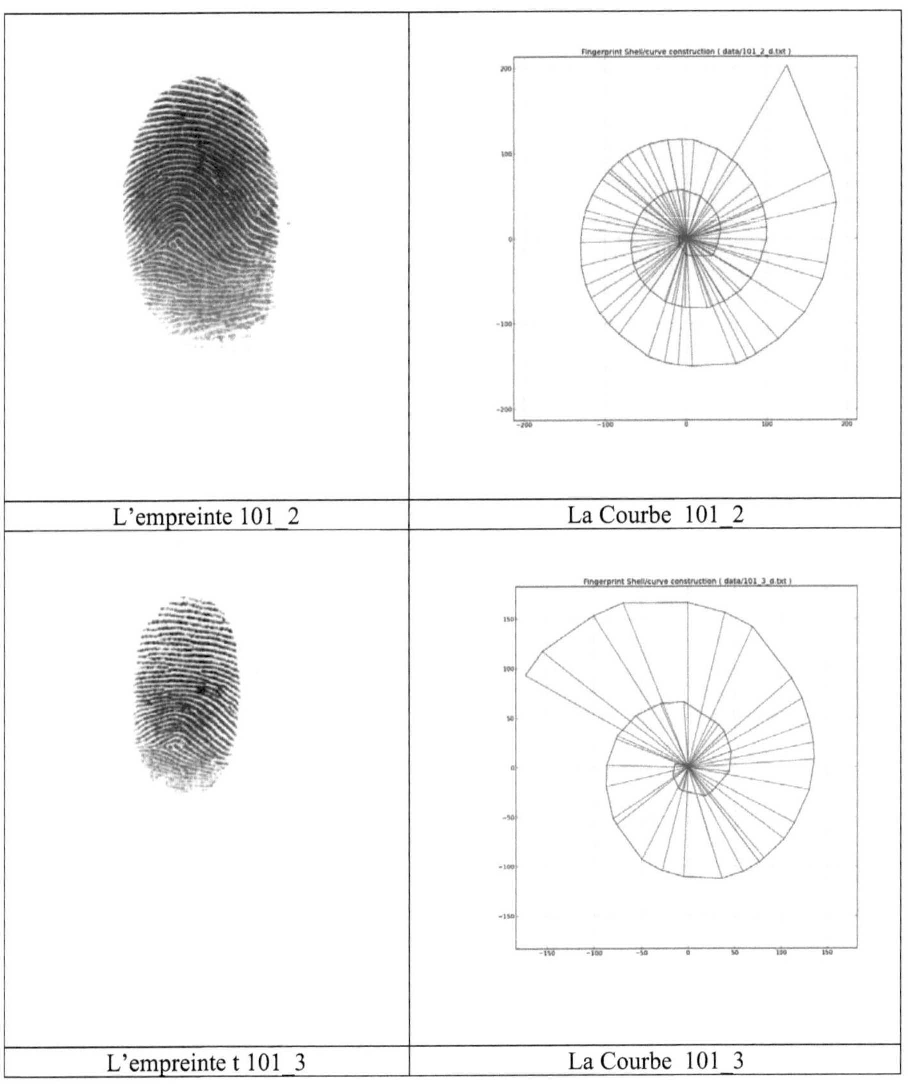

L’empreinte 101_2	La Courbe 101_2
L’empreinte t 101_3	La Courbe 101_3

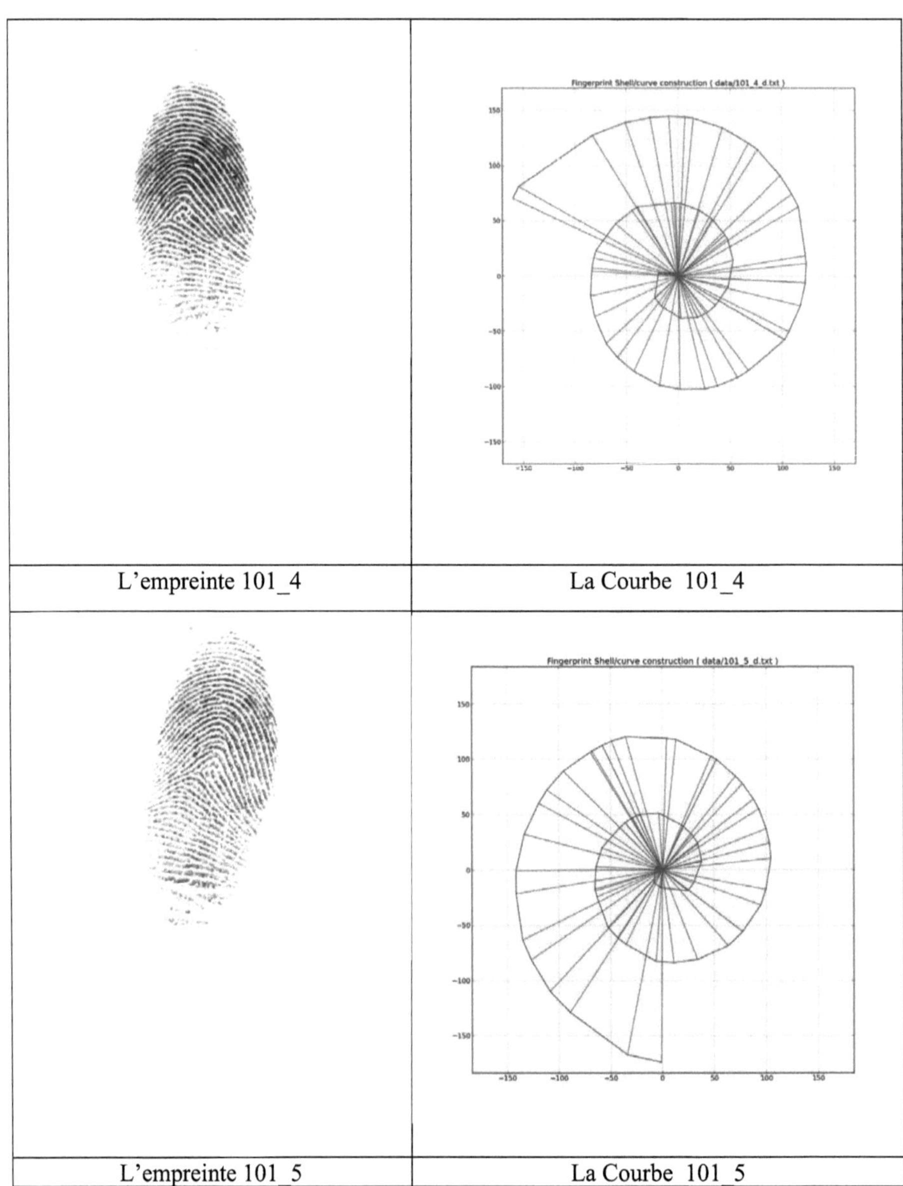

L’empreinte 101_4 | La Courbe 101_4

L’empreinte 101_5 | La Courbe 101_5

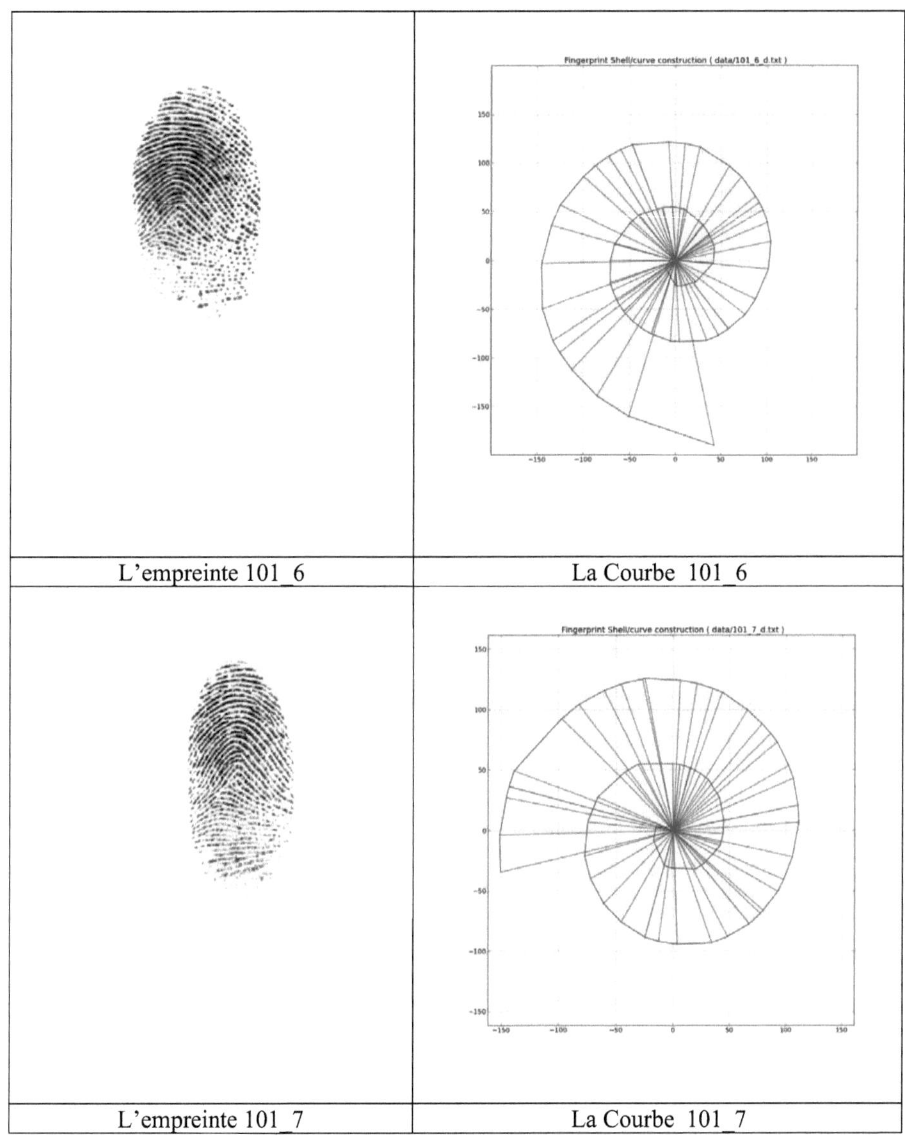

L'empreinte 101_6	La Courbe 101_6
L'empreinte 101_7	La Courbe 101_7

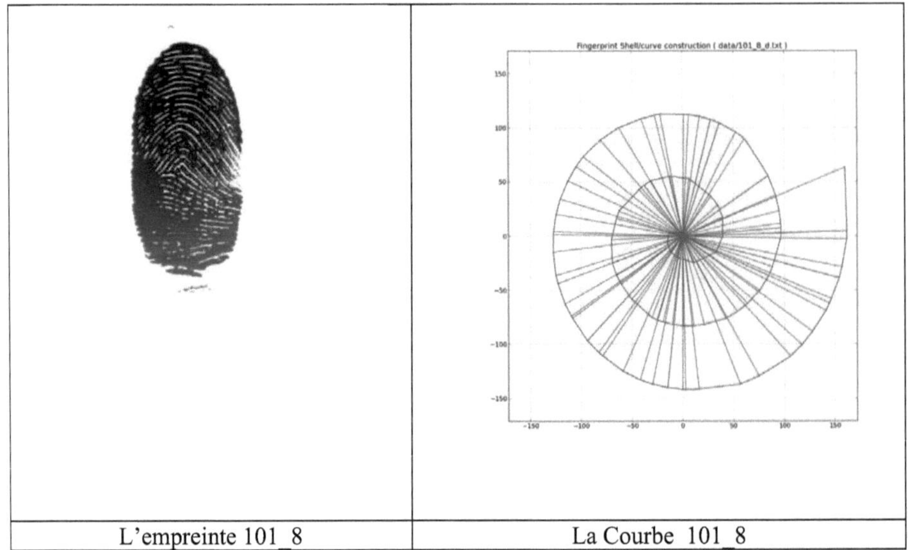

L'empreinte 101_8	La Courbe 101_8

9. Réalisation de l'Attaque contre l'algorithme « SHELL »

L'algorithme proposé contient plusieurs problèmes de sécurité, notamment:

- L'absence de quelques minuties entre différentes impressions de l'empreinte influence les résultats de comparaison (matching) ce qui peut augmenter FRR.
- Il pourrait y avoir une similitude dans les distances entre les points minuties et le point central et cela permet à créer une forme en spirale correspondante à une fake empreinte
- La négligence de la propriété rotation des minuties permet facilement de récupérer les distances originales de modèle original.

10. L'algorithme d'attaque :

Algorithme d'attaque :
Entrée** : coordonne des points de la courbe* ***Sortie** : Distances triées* ***Soit coordonnées [P_1,P_2,.... Pn] ***Pour** : tous les points faire :* *Appliquer le théorème Pythagore : Calcul de distances entre point et centre de courbe* *Retourner : clé d_0, hypoténuse $h_1 ... h_n$;* ***Fin pour*** ***Pour** : tous les distances -- faire :* *$D_1=h_1-d_0$;* ***Fin pour ;*** *Dessiner la fausse empreinte ;*

Table 101-Algorithme d'attaque de SHELL

L'attaque sur l'algorithme proposé est une fonction mathématiques permettent à un attaquant utilisant les coordonnées de la base de données existante pour remodeler l'empreinte d'origine de l'utilisateur et l'exploitation des faiblesses de la relation (plusieurs-à-un) comme suit:

- - Prendre les coordonnées au niveau de la base de données.
- - Comme les coordonnées forment des points ils devraient calculer une tendance linéaire entre deux points différents.

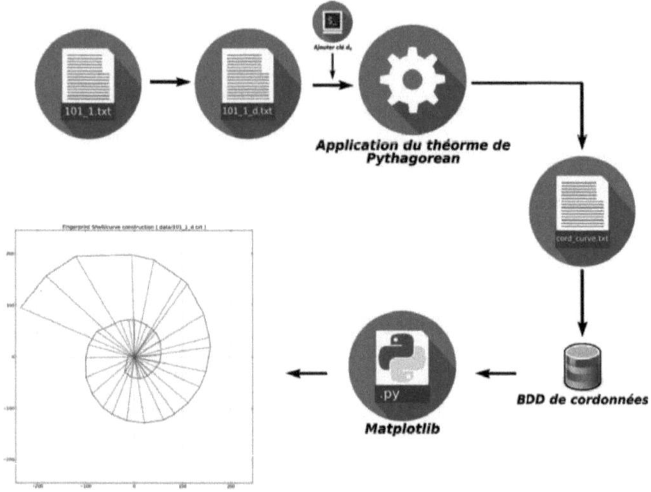

Figure 10-1La Protection des empreintes digitales.

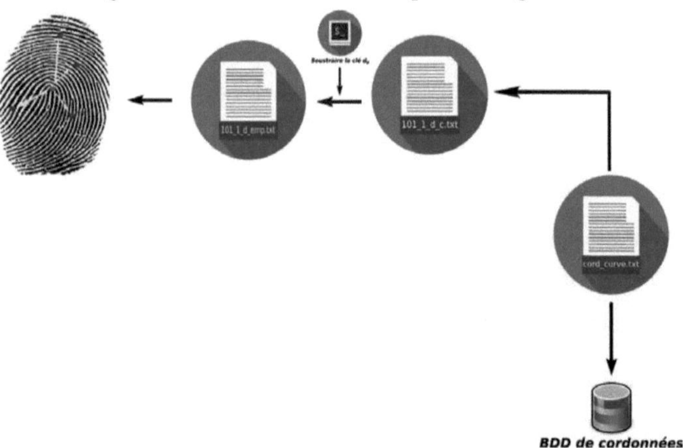

Figure 10-L'attaque de l'empreinte et généré un fausse empreinte.

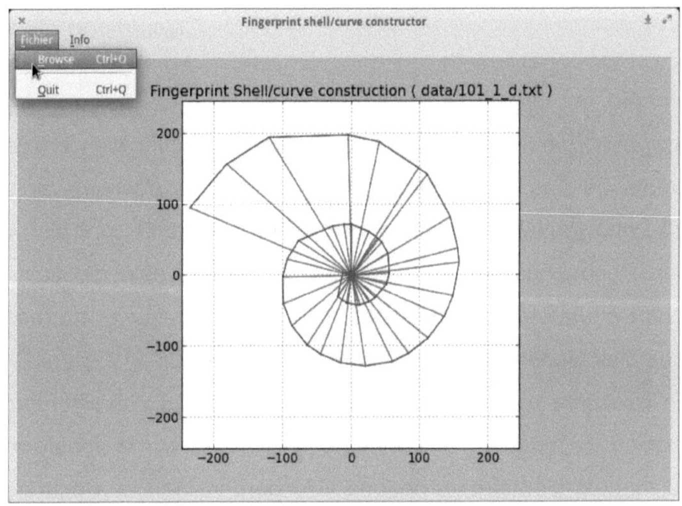

Figure 10-2 Une interface de l'application de sécurité SHELL

Conclusion Générale

La biométrie est proposée comme une solution efficace remédiant aux problèmes posés par les systèmes classiques de sécurisation basés sur les secrets (mots de passe out tokens). Cependant, les données biométriques présentent l'inconvénient de ne pas être renouvelables et sont plus-ou-moins attaquables. Rendre ces données statiques plus sécurisées et révocables en cas où elles sont attaquées est une tâche très importante dans le processus de construction d'un système d'identification biométrique.

Dans ce livre, on a analysé bien les aspects de sécurité d'un algorithme récent de sécurisation de modèle d'empreinte digitale basée sur la transformation en spirale du modèle biométrique nommé « Fingerprint SHELL Securing ». on a proposé un algorithme d'attaque permettant de récupérer les données biométriques originales à partir de modèle sécurisé en exploitant quelques failles de sécurité. Les tests menés sur la base de données FVC2002 confirment la vulnérabilité de cet algorithme.

Le présent travail peut être encore amélioré en proposant un algorithme de renforcement de l'algorithme « Fingerprint Shell Securing ».

[REF4].F.Perronnine, J.L. Dugelay. « *Introduction à la Biométrie* », Revue Traitement du Signal, Vol.19, No. 4, 2002.

[REF5]. Anil K. Jain, Arun Ross et Salil Prabhakar, « *An Introduction to Biometric Recognition* », IEEE Transactions on Circuits and Systems for Video Technology (PDF), vol. 14, N° 1, janvier 2004.

[REF6].CLUSIF « Club de la Sécurité des systèmes d‟Information Français ». Commission Techniques de Sécurité Physique TECHNIQUES DE CONTROLE D'ACCES PAR BIOMETRIE juin 2003.

[REF8].A.K. Jain, S. Pankanti, S. Prabhakar, L. Hong, A. Ross, J.L. Wayman. "*Biometrics: A Grand Challenge"*, International conference on pattern recognition, UK, 2004.

[REF9].S. Pankanti, S. Prabhakar, and A. Jain. "*On the individuality of fingerprints*", IEEE Transactions on Pattern Analysis and Machine Intelligence (24:8), 2002, pp. 1010-1025.

[REF10]. Laurent Guyot, « *Attention biométrie* », diffusé sur « ARTE », 2009.

[REF12].A.K. Jain, S. Prabhakar, L. Hong, S. Pankanti, "*Filterbank-based fingerprint matching*", IEEE Trans. Image Process, Vol 5, pp. 846–859, 2000.

[REF13].L. HAMACHE et S. LALLALI « *Conception et réalisation d'une authentification par FingerHashing sur carte à puce »,* Mémoire de fin d‟études Ecole nationale Supérieure d‟Informatique, 2008.

[REF14].S. Helfroush and H. Ghassemian. "*Non minutiae-Based Decision-Level Fusion for Fingerprint Verification*", EURASIP Journal on Advances in Signal Processing, 2007.

[REF15]. Patrick Ducrot, « *Sécurité Informatique* », école nationale supérieure d‟ingénieurs de Caen & centre de recherche, 6 octobre 2008.

[REF16]. Produced by the Common Criteria Biometric Evaluation Methodology Working Group "*Biometric Evaluation Methodology Supplement [BEM]*", Common Methodology for Information Technology Security Evaluation, v1.0, **August 2002**.

[REF17]. International Organization for Standardization (ISO), International Electro technical Commission (IEC): ISO/IEC CD 19792: Information technology – Security techniques – Security evaluation of biometrics. (2006-07-14).

[REF18].B. Schneier, « Attack trees ». Dr. Dobb‟s journal Of Soft Tools, December 1999.

[REF19].I. Buhan, «*Cryptographic keys from Noisy Data Theory and Applications*», PhD thesis at the University of Twente, Netherlands, 2008.

[REF20].R. Bolle, J. Connell, S. Pankanti, N. Ratha, and A. Senior, "*Guide to Biometrics*", Springer-Verlag, 2003.

[REF21].O. henniger, *D. Scheuermann, and T. Kniess, "On security evaluation of fingerprint recognition systems",* International biometric Performance testing conference, 2010.

[REF22].M.Sutrop, "*Ethical Issues in Governing Biometric Technologies*", ICEB, 2010.

[REF23].N.K. Ratha, J.H. Connell, and R.M. Bolle, "*Enhancing security and privacy in biometrics-based authentication systems*", IBM Systems Journal (40:03), 2001, pp. 614–634.

[REF24].J. Feng and A. Jain, "*FM model based fingerprint reconstruction from minutiae template*", International conference on Biometrics (ICB), 2009.

[REF25].A. Teoh, D. Ngo, A. Goh, "*An integrated dual factor authenticator based on the face data and tokenised random number*", ICBA, pp. 117–123, 2004.

[REF26].N.K. Ratha, S. Chikkerur, J.H. Connell, R.M. Bolle. "*Generating cancelable fingerprint templates"*. IEEE Transactions on Pattern Analysis and Machine Intelligence (29:4), 2007, pp. 561-572.

[REF27].A. Juels and M. Wattenberg, "*A fuzzy commitment scheme*", Proceedings of the 6th ACM conference on Computer and communications security, pp.28–36, 1999.

[REF29] A.k. Jain, K. Nandakumar, A. Nagar, Biometric template security, EURASIP J. Adv. Signal Process. (2008) 1–17.

[REF30] D. Maltoni, D. Maio, A.K. Jain, S. Prabhakar, Handbook of Fingerprint Recognition, second ed., Springer Publishing Company Incorporated, 2009.

[REF31] J. Breebaart, B. Yang, I.B. Dulman, C. Busch, Biometric template protection: the need for open standards, Privacy Data Secur. J. 5 (2009) 299–304.

[REF32] C. Moujahdi ,G.Bebis , S. Ghouzali , M. Rziza Fingerprint shell: Secure representation of fingerprint template Elsevier Pattern Recognition Letters 45 (2014) 189–196

Webographie

[REF0] http://fr.wikipedia.org/wiki/Authentification . Consulté le : 10/03/2015

[REF1] http://www.biometrie-online.net/. Consulté le : 15/04/2015

[REF2] http://www.biometrie-online.net/biometrie/le-marche Consulté le : 15/04/2015

[REF3].http://fr.wikipedia.org/wiki/Fichier:Dacty_poederen.JPG Consulté le : 07/06/2015

[REF7]. http://www.biosentis.com/la-biometrie/le-marche/ Consulté le : 07/06/2015

[REF11].http://fr.wikipedia.org/wiki/Fichier:Fingerprint1.jpg. Consulté le : 07/06/2015

[REF28] http://bias.csr.unibo.it/fvc2002/. Consulté le : 31/05/2015

[REF33] http://fr.wikipedia.org/wiki/Python_(langage) . Consulté le : 07/06/2015

[REF34] http://fr.wikipedia.org/wiki/Matplotlib . Consulté le : 07/06/2015

Printed by Books on Demand GmbH, Norderstedt / Germany